煩惱的那天遇見了能看穿人心的神明

第一本給中小學生的賽局理論

鎌田雄一郎 著
李建銓 譯

START

前言

學會賽局理論，再也不會惹人生氣！

大家聽過「賽局理論」嗎？

「賽局（Game）」的英文單字有遊戲的意思，大家可能會聯想到任天堂Switch或線上遊戲，可惜這邊說的「賽局」並不是指那種遊戲。

如果有人才剛讀到第一段就感到失望，我在此說聲抱歉，不過請不用太擔心，因為接下來我要說的「賽局」，也非常有趣。這實在很有趣，有趣到讓我成為大學裡面研究「賽局」的老師。因為真的太有趣了，我覺得一定要讓更多人知道，所以決定寫下這本書。

「多希望小學的時候，就能接觸到賽局理論啊！」我是這麼想的。關於賽局理論的詳細部分，需要在大學裡學習一些較為深入的內容，但最有趣的部分，其實不需去到大學裡苦思，就能理解。

那麼，到底賽局理論所說的「賽局」是什麼意思呢？接下來我會按部就班說明。此外，我想先問大家一個問題。

「你應該站在對方的立場思考！」大家是否曾經被這樣指責過？

相信多數人有這樣的經驗，像是學校的老師、家人或親戚等等。我在念小學的時候，經常被這麼說（不對，老實說，一直到國中和高中還是有人對我說這樣的話，就算到了現在，老婆或孩子有時也會對我這麼說）。

然而，雖然經常聽人說要「站在對方的立場」，具體到底該怎麼做才好呢？

事實上，教會我們怎麼站在對方立場的方法，就是賽局理論。賽局理論就是預測「別人會做出什麼行動」的一門學問。至於該怎麼預測，不是靠超能力或占卜還是心理測驗這些方法；相對的，是要動腦思考、用邏輯來推理。而思考的第一步，就是要了解「不是只有自己在思考，別人也同樣在腦袋裡一邊思考才決定下一步行動」。利用邏輯的力量，以及發揮想像力，就能站在對方的立場設想。像這樣基於邏輯的思考方式，就稱為「邏輯思考」。

所以這本書的目的，就是透過「超有趣的賽局理論」，讓大家學習運用邏輯思考，進而懂得如何「站在對方的立場」。與其說是「學習」，不如說是透過閱讀故事，讓大家自然而然了解「站在對方的立場」這件事。

故事裡的主角是小學六年級的啟一。啟一遇到各種「賽局」（再提醒一下，不是Switch或線上遊戲），每一次他都會一邊煩惱，一邊想著「自己到底該怎麼做」。啟一是怎麼想的，選擇了什麼樣的行動，請大家隨著故事發展，一起體驗他的心境與他所選擇的行動。

讀完這本書以後，大家將能自然而然的運用賽局理論的思考方式，學會「站在對方的立場思考」。

只要能做到這點，相信你一定不用再擔心造成老師或家人生氣了呢。

故事場景的街道地圖
港戶第一小學
伸就讀的小學。
通稱「一小」。
善光寺
每天傍晚五點會敲鐘，
孩子們就知道該回家了。
西公園
一小和二小的學生都會來這
邊玩，公園裡綠意盎然。
南方書店
鎮上最大的書店。
通稱「南書」，
位於建築物的一樓。
港戶車站
BONAPPETIT
補習班
BOOKS MINAMI

主要登場人物

山崎伸

一小的六年級學生，因緣巧合下與啟一相識。雖然只是小學生，但有時候又像個大人。

瀧澤啟一

二小的六年級學生，本書主角。在他人眼中是個「好孩子」的高材生，但遇到事情容易過度擔心。

啟一的家
位在住宅區二樓。啟一和父母與弟弟一起生活。
中央公園
運動用品
港戶第二小學
啟一就讀的小學。通稱「二小」。

啟一班上的級任導師。三十歲後半。深受學生景仰，喜歡喝咖啡。

伴隨著粉紅色煙霧，現身在啟一面前的神明。姆萊和烏萊是雷神的部下。

川本老師
烏萊
雷神
姆萊

目次

給大人的話

孩子們其實也生活在各種各樣的人際關係中。家人、朋友、學校老師、鄰居、課外才藝班裡……在這些關係當中，我們的孩子是否能適應良好呢？與別人相處的過程中，是否會發生爭執摩擦，因而受傷、心懷煩惱呢？相反的，孩子們是否會在不自覺中傷害到他人？做為家長的人，應該任誰都會擔心。

在人際互動中，「站在對方的立場」的重要性，反覆再三強調都不嫌多。我們的孩子如果能夠成為一個「會考慮朋友的心情」的人，那將多麼令人欣慰。而且，不單只是擁有一顆能與他人產生共鳴的心，更重要的是在充分理解他人的心情或行為後，自己再採取適當的行動，這樣一來也能保護自己，不會在社會洗禮之下受到無謂的傷害。

但是人類這種生物，若是放任不管的話，經常會變成只想到自己而忽略他人；人們往往會忘記，其他人也有感情，也是會動腦思考、觀察周遭情況再做出決定的。所以「站在對方的立場」這件事，其實超乎料想的困難。

● ● ●

我在大學研究一門稱為「賽局理論」的學問，這也可稱做是一門運用邏輯的力量，預測他人行動的「人際關係科學」（順帶一提，我同時也是三個孩子的父親）。本書便是以賽局理論的見解為基礎，用故事創作呈現出我最想要傳達給孩子們的課題——學習如何「站在對方的立場」。

故事中，不會出現「賽局理論」這種有點艱深的專有名詞（各章結尾的「雷神的賽局理論教室」，會解釋少量賽局理論的用語）。但只要順著故事讀下去，並追隨登場人物的思考過程，應該就能培養出一些「站在對方的立場思考」的想像力，以及邏輯思考的能力。就算一時無法理解，起碼「站在對方的立場思考」這句話，會留在孩子腦海中的一角。

以合乎邏輯的想像力，帶入他人的想法——期望本書能成為啟發這項能力的契機，為各位獻上本書。

第1章 黃色的紙

「呿，真倒楣。」

我踢了一下腳邊的小石子。

放學回家路上會經過的這座停車場，地面散落了許多適合踢著玩的小石子。跟裕人一起在這裡找一顆大小剛好的石頭，然後一邊踢石頭，一邊走回家，算是我每天的例行公事。

但是，今天裕人並沒有跟我一起走，因為我被班導川本老師叫到辦公室去了。

拉回放學小班會快要結束的那時候。川本老師一如往常坐在導師桌前，看著值日生主持小班會。

六年一班的級任導師川本老師，人很有魅力。首先，他是男性，所以能夠明白敏感細膩的男孩們的心理，而且也年輕。話雖如此，他也快要四十歲了。還有，他跑步很快、單槓很強，然後講話很好笑。有時候數學課上到一半，老師會離題去講他小時候的回憶，這個時候，大家全部的注意力都集中在耳朵，聽得如痴如醉。

但是，我今天對川本老師感到生氣。川本老師並沒有做錯什麼事，但我就是覺得不高興，所以我決定稱他為「川本」，不要再叫他「老師」了。

總而言之，當值日生說「再見」，同學也跟著說「再見」之後，川本老師，不對，川本他對我說：

「啟一，你先到辦公室來一趟。」

聽到川本這麼說，老實講我心裡一驚，因為我大概知道原因。但是，為什麼他會知道呢？

「喂，到底是怎樣？」

坐在我旁邊的小智問了我。

「誰知道。」

「會不會像昨天一樣，又要頒獎給你？」

坐在小智另一邊的杏美說。

是的，「說到得獎就想到啟一」，我在他人眼中是個相當優秀的高材生。不管是讀書心得作文比賽，還是算術練習的排名，只要說到得獎的人，我大概都是榜上有名。所以只要老師在放學小班會時說「今天有一張獎狀哦」，大家通常都會不約而同轉頭看我，我也並不覺得尷尬。

昨天也是全市作文比賽入選，寄來一張超大的獎狀，大到連書包都裝不下。

但是，今天應該不是得獎。照理說，如果是那種值得讚許的事情，不需要特地只叫我一個人去辦公室，應該在全班面前大肆表揚。而且就像剛才說的，我大概知道是怎麼一回事。

「裕人，不好意思，你先回去吧。」

我這麼說道，在大家面前露出一派輕鬆的表情。

「報告。」

一打開辦公室的門，川本就突然出現在眼前，讓我有點嚇一跳。按照我原本的計畫，是先打開門，環顧一下寬敞的辦公室，然後慢慢走向位於最裡面的川本座位，一邊走一邊觀察川本的臉色，做好心理準備。

但是一開門映入眼簾的，竟然是川本背對著我站在那裡。他從窗戶往外看向校園。空無一人的校園，上空籠罩了陰沉的灰色雲朵。

「來啦。」

川本轉身面向我。

「為什麼叫你過來，你應該知道吧？」

「不，我不知道。」

我心存僥倖賭上川本還不知情的可能性，不能在這裡自掘墳墓。搞不好，他真的只是想把獎狀交給我而已。最近有什麼比賽，我寄出了什麼作品呢？

「不知道啊。啟一，聽我說，南方書局打電話過來，打給校長。」

果然是那件事。

「哦——」

現階段，我也只能說哦——。

「你說『哦——』啊。啟一，你有沒有想到什麼可能的原因？」

這番提問確實像是川本的風格，他從來不強迫任何人。一直以來，他都希望我們這些小孩能自主表達想法。

「昨天，有人在書店順手牽羊，好像是兩個背著書包的男孩子。但是，不知道到底是誰。」

「那……為什麼要跟我說這些？」

川本伸出食指，抵住黑框眼鏡正中央向上推了推。

「所以，我不是問你了嗎？你有沒有想到什麼？」

「沒有，我不知道。」

我決定開始裝傻。

「難道說，你是不是……懷疑是我做的？」

「嗯，是的，你說的沒錯。」

「為什麼是我？」

我露出一臉驚訝的表情。

「南方書店的老闆，他看到了。」

「看到了，是指什麼？」

雖然我有時會去南方書店，但我不認為次數有多到，讓那個塊頭大得像熊一樣的老闆記得我的名字。而且我根本連老闆的名字也不知道。

「是『黃色的紙』。」

「黃色的……？」

「對。這兩人當中，其中一個人的手提袋，裡面突出一張捲起來的黃紙。」

「什麼？」

「所以這讓我想起來了。是獎狀，黃色的紙。那是昨天我頒給你的作文比賽獎狀。」

原來是這麼一回事。真是太倒楣了，獎狀這種東西，是做了好事才能拿到的，而且連書包都裝不進去的大獎狀，照理說是做了相當好的事情才能拿到。盡心盡力做了件相當好的事情，現在卻因此感到困擾，這世間也太奇怪，早知道折起來放書包裡就好了。

但是，只憑一張「黃色的紙」，證據應該不足吧？反正那位我連名字都不知道，體格像熊一樣的老闆，也不可能看到獎狀上面寫著我的名字，帶著黃紙的小學生，或許還有其他人。

「等一下，就算這樣，那也不是我。」

川本盯著我看了一陣子。之後他用食指再一次將黑框眼鏡往上推，並且說：

「這樣啊，我知道了。」

呼，太好了。好險好險，瀧澤啟一同學，還能保住高材生的面子。

「我明天再問你一次吧。」

「什麼？」

「我等你到明天。」

「不是，就算你說等我到明天，事情也不是我做的啊。」

「我知道我知道。但是，現在事情已經演變成這樣了呀。」

「演變成什麼樣？」

「嗯，我和一小的老師談過了。」

「一小？」

所謂一小，就是隔壁的學校，港戶第一小學。順帶一提，我念的港戶第二小學，簡稱「二小」。不知道是不是因為這附近住宅區集中，小孩子的人數也很多，兩所小學離得很近。二小和一小，分別在鎮中心的善光寺兩側，距離很接近。

我一聽到一小，心裡就有股不祥的預感。

「嗯，是另一個嫌犯，也就是『黃紙小學生』之外的另一個，好像是一小的六年級學生。」

不出所料。那傢伙也被叫去問話了嗎？

「然後啊，我們決定今天只是先把事情說清楚，明天再讓嫌犯們坦白招認。哈哈哈。」

看到川本露出愉快的表情，我有點生氣。而且，什麼叫嫌犯？我瀧澤怎麼會是嫌犯。

「不對啊，為什麼說我是嫌犯，光憑一張黃色的紙嗎？」

「嗯，沒有錯。所以現在才只說是嫌犯。有順手牽羊的嫌疑，這表示有懷疑，但還不確定。但是學校畢竟不是審判的法院，所以並不是要去做到詳盡調查，然後裁定必然是誰的錯。當然，如果你們承認『做了』的話，那最後就會是『是嗎，原來是真的啊』這樣子。」

就這樣，談話結束。離開辦公室之後，我盡可能的避免和別人在走廊上對到視線。回到教室，很幸運的沒有人在，我急忙抓起書包，用跑的出了校門。之後，順著平常回家的路來到停車場。看起來適合踢著走的小石子，一塊都找不到，我心裡懊悔不已，胡亂的踢著地面上的石頭。

白色的煙塵揚起，弄髒了鞋子，反正也不是新鞋，無所謂。

我氣喘吁吁，流了一些汗。一個不認識的老爺爺，在停車場旁邊的道路慢慢走著。我覺得那裡的時間流逝像是慢動作一樣。

突然間我感到很羞恥，走到停在角落的兩輛車中間，坐在地上。

「『明天、承認』嗎？」

當然，我心裡完全沒有承認的意思。但是，那傢伙又是怎麼想的呢？要是那傢伙承認了，而只有我不承認的話，那就太糟糕了。如果結局真是如此，應該會被川本臭罵一頓。「一小的同學誠實說出來了哦，為什麼你要說謊騙人呢？」

那傢伙，會不會承認呢？話說回來，那傢伙，真的叫人火大。山崎伸……

•
•
•

昨天我會去南方書店——通稱「南書」，有一個萬分正當的原因。下週五是弟弟的五歲生日，我想買一本繪本（圖畫書）送給他當做生日禮物，因此我祕密的把零用錢存了下來，真是個好哥哥呀。買禮物送給弟弟，這還是我第一次，爸爸和媽媽一定也會嚇一跳吧。

在我們鎮上，說到書店就會想到南書，於是我在放學後去了一趟。也因此昨天放學我才沒跟裕人一起走，在緊要關頭時，裕人總是不在身邊。

南書位於車站附近，在一棟外觀有點老舊的三層樓建築的一樓。從自動門進到店內，繪本專區在最深處。想過去那邊，會先經過漫畫專區。我對漫畫不怎麼感興趣，所以在漫畫專區發生的事件，對我而言真的是飛來橫禍。但無論如何，我就是停在了那邊，觀察周遭的情況。去繪本專區讓我有點不好意思，萬一別人以為是我自己想要看幼兒園兒童在看的書，我可無法忍受。

就在這個時候，我發現漫畫專區還有另一個小學生。他長得滿高的，看起來是六年級的學生，但我沒看過這個人，應該是其他學校的學生。那傢伙背著書包，手上拿著一個手提袋，上面有紅藍相間的條紋，看起來相當醒目。然後，他開始在書架周圍四處張望。

那傢伙突然看向我，露出不明究理的笑容。我也姑且對他笑了一下，我不想跟其他學校的人發生爭執。於是，我決定在這傢伙離開前，暫時待在漫畫專區，要是其他學校的人，以為二小竟然有個還在看繪本的幼稚學生，那就太尷尬了。

我並沒有特別想看的漫畫，只是假裝在那裡找書。能不能快點回去啊，這個紅藍條紋，雖然心裡這麼想著，但這傢伙好像還沒打算離開，甚至還吹起口哨來。聲音並不大，在這間書店裡面，大概只有我一個人聽得到。

我心想著真吵啊，同時瞅了那個條紋仔一眼。

這個時候，意想不到的事情發生了。

條紋仔一邊望著我，同時伸手朝向書架上的漫畫。他稍微伸長手，目標對著上層的書架，接著，用手一撥，一本漫畫不偏不倚落進了那個醒目的手提袋中，漫畫書就這麼無聲無息的被手提袋吸了進去。

一開始，我還沒意識到發生了什麼事。但是馬上我就理解了，這就是俗稱的順手牽羊，沒想到他竟是個不良少年啊。

但是，這個時候我該怎麼做才好？算了，跟我無關。

條紋仔看著我，接著又露出一個奸笑。然後，他一邊看我，一邊又再次把漫畫書撥進手提袋。而我也條件反射似的，回以一個奸笑。

就在這時，我突然覺得鼻子很癢。

「哈啾。」

我打了一個大噴嚏，同一時間，條紋仔正好把第三本漫畫撥進手提袋裡。而我打的噴嚏，吸引了剛好經過的老闆注意，朝這邊看了過來。

「真糟糕……」

條紋仔瞪了我一眼，第三本漫畫落下的瞬間，似乎被老闆盡收眼底。

「喂。」

我看到老闆像頭熊一樣，徐徐的邁步走來。條紋仔一看到老闆接近，就往我這裡靠過來。接著停在我旁邊，看著我的雙眼，下一刻，他竟然抓住我的手。

「快走。」

我就被他拉著手，跑向店門口。

「喂，你們兩個等一下。」

老闆的聲音在後面響起。

條紋仔和我頭也不回的跑著，跑到車站附近，本想穿過平交道，但當時正好是紅燈，我們只好右轉，沿著軌道方向跑去。跑了一陣子，終於穿過平交道，來到西公園。西公園位於一小和二小的學區邊界之間，是一座大型公園。

熊老闆好像沒有追上來，我們氣喘吁吁的在一個隱蔽的草叢裡坐了下來。

「好險。都是你害的，才會被發現。」

「你說什麼？怎麼又是我害的了。話說回來，你到底在幹什麼，偷東西可是犯罪哦。」

「這我當然知道，不過，你也是共犯吧？」

「什麼？你講這什麼話，我可是什麼都沒拿耶。」

「不對，你不是跟我一起逃出來了嗎？這樣就已經是共犯嘍。我們好好相處吧，共犯同學！」

條紋仔這麼說道，同時拍了拍我的肩膀。我使勁一揮手，將他的手甩開。

「才不是，是你拉著我的手一起跑的，我只是不得已跟著跑而已。」

「真的是這樣嗎？跑到店門口附近時，我就已經放開你的手嘍。之後逃離書店，是你自己的決定。不然你大可以在那個時候，回去把事情告訴老闆。」

我是自己決定逃走的？所以也算小偷的共犯？不對，我根本什麼都沒拿，全都是那個條紋仔自己胡作非為。

「但是偷東西的人是你，我只是被你連累而已。」

「我覺得話不能這麼說，最初我在拿書時，你不是什麼都沒說嗎？還裝做沒看見，這樣就是共犯啦。」

「少在那邊胡說八道，我只是意外受到牽連。」

「先不說這些了。我好像沒看過你，你是讀二小的嗎？」

「對啦，你是哪裡的學生？」

「我是一小的，六年級，山崎伸，請多指教。」

條紋仔，不對，山崎伸這麼說，並且伸出手示意與我握手，我才不要跟這個小偷握手，因此故意大聲的嘖了一聲，狠狠瞪著山崎伸。

「我要回家了，再見。不要再去偷東西哦。」

• • •

在停車場角落裡，車輛之間的空地正好是可以躲藏的場所，從剛才老爺爺走過的路上，看不到這個位置。在我左邊的是一輛黑色的普通轎車，右邊則是一輛白色廂型車，這輛白色廂型車就停在停車場最深處的角落。

腦袋裡，山崎伸之前說的話一直揮之不去。那傢伙確實在門口鬆開手，但是，我卻跟他一起逃跑。而且他還說：

「裝做沒看見，這樣就是共犯啦。」

順手牽羊的罪魁禍首這麼說，根本就毫無責任感，但又確實有點道理，我也算共犯。真要說起來，雖然是條件反射，但那傢伙對我奸笑時，我也用奸笑回應，如果有人說這是縱容犯罪，我確實也是無從反駁。

先不管這些，明天到底該怎麼辦？山崎伸應該也被一小的老師叫去問話了吧。那傢伙的手提袋非常醒目，馬上就能認出來，所以應該會承認吧。

我決定先停下來整理一下情況。我從書包裡拿出一本筆記本，剛好是新學期開學前在南書買的。

對我而言最糟的結果，是那傢伙說實話，而我什麼都沒講。如此一來，我不只是共犯，而且還想說謊隱瞞事實，這樣真的很不好。所以，要是那傢伙承認了，我也要坦白比較好。

但是，比起兩個人都承認，兩個人都隱瞞更好。這麼一來，就不會被罵，也就是證據不足，當庭釋放啦。當然也就不用「去跟南方書店道歉」。話是這麼說，但那傢伙會不會承認，也不是我能決定的。「說好一起不承認」，要是我跟山崎伸能這樣事先串通就好了，但我根本不知道怎麼跟他聯絡。

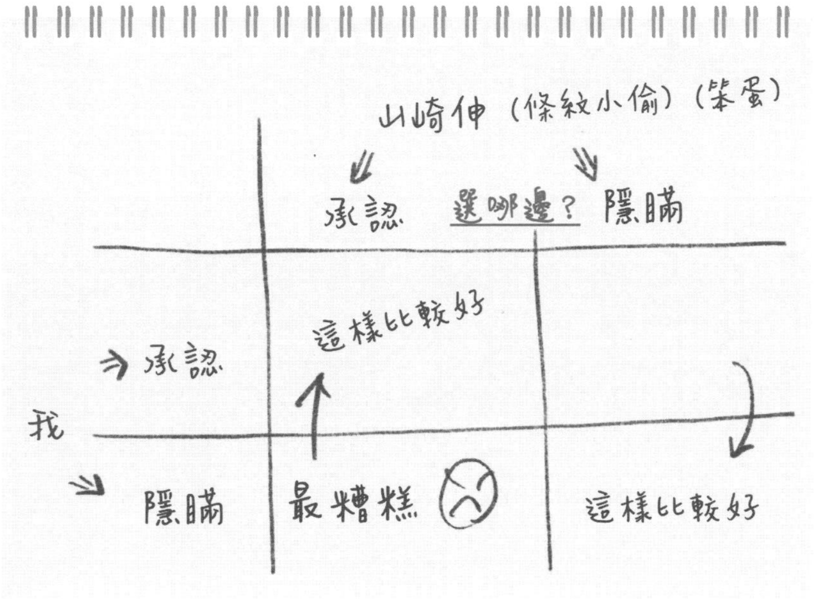
山崎伸（條紋小偷）（笨蛋）
承認
選哪邊？
隱瞞
這樣比較好
承認
我
隱瞞
最糟糕
這樣比較好

當然啦，要是山崎伸什麼都沒講，我也繼續隱瞞下去比較好，如果能矇騙到底，我想這麼做。

但是，那傢伙到底會怎麼做？希望他什麼都不要說。而且那傢伙要是承認了，對自己一點好處也沒有。

經過左思右想，不知何時我已經在筆記本上，畫出一個像表格的東西。

我有兩個選擇，「承認」和「隱瞞」。那麼，到底該怎麼選呢？

我長長的嘆了一口氣，接著順手撿起手邊的石頭，隨意扔了出去。石頭落在兩輛車中間的地面，然後改變了一下方向，滾進左邊的車子底下。

再來一次，這回我選了一顆小石子，一樣扔了出去。小石子落在幾乎快砸到左邊車子的地方，這次不怎麼彈跳。

「好險好險，差點就砸到。」

接下來是第三次，我選了一顆大一點的石頭。我將石頭高舉過頭，準備扔出，這時候鼻子又開始發癢。而且正好是我要投出石頭的時候，

「哈啾。」

我打了一個噴嚏，我的噴嚏一向都很大。打噴嚏的同時，我也順手投出石頭，只見石頭朝著我預料之外的方向飛去，砸到右側的車子。

「慘了。」

我馬上起身，打算盡快離開。

說時遲那時快，「唰——」的一聲，右側的廂型車後門打開了。

我只能在原地目瞪口呆。

原來有人坐在車裡，就在我這麼想的時候，突然察覺一股詭異的氣氛。開啟的車門裡，冒出濃密的粉紅色煙霧。

沒多久，兩輛車中間已經充滿了粉紅色煙霧。

「登——登登！」

一陣嘶啞的聲音響起，煙霧中透出一絲人影，雖然登場時「登——登登」喊得很有精神，但接下來又像老人家一樣發出一聲「嘿咻」。話說回來，一般不會有人在登場時，自己喊出「登——登登」吧？

粉紅煙霧中出現的是一個像是大嬸或者老婆婆，總而言之，就是那種感覺的人。

那人頂著一頭燙捲的金色短髮，戴著尖角外框的紅框眼鏡，身穿鮮豔的紫紅色連身裙，腳踏綠色高跟鞋，手腕戴著數條像是佛珠的東西。太可疑了。就算沒有粉紅煙霧，這已十分可疑。

看到我目瞪口呆的模樣，那位大嬸開口問道：

「你叫我嗎？」

她的嗓音渾厚。

「沒有，我沒叫。」

如果可以，我不想和她扯上關係。應該說，我好想逃離這裡。

「是嗎？剛才，好像有石頭砸在車上的聲音？」

「呃、不是，不是我丟的。」

「那會是誰呢？這裡只有你一個人啊。」

「呃、但是，我才不會……」

「你不會，不會什麼？你想說自己不是會做壞事的孩子，是嗎？」

確實如此，我平常不是個會作惡的孩子。真要說我是什麼樣的人，的的確確可以歸類在好孩子那邊，除了偷竊共犯和剛才用石頭砸到車子這兩件事。

「請問……」

「我嗎？你想知道我的名字嗎？」

不是，不是那樣，我只是想說「我要回家了」。

「是嗎？想知道我的名字嗎？」

「呃、是、是的。請問，你叫什麼名字？」

「雷神。」

「雷、雷神……？是掌管打雷的那個神明？」

「沒有錯，怎樣，有什麼問題嗎？」

「沒有，雷神……聽起來……好像男生的名字。」

「說這什麼話，名字哪有分像男生或像女生的。我叫做雷神，就這麼簡單。你有什麼意見嗎？」

「不、沒有。那麼，我就先回……」

我起身準備離開，不管怎麼說，這名字實在太奇怪。

「唉呀，等一下。到底山崎伸是怎麼想的，你不想知道嗎？」

「咦？」

為什麼這個大嬸，會知道這件事。

「請問，為什麼你會知道山崎伸……」

「哈哈哈，我是雷神，可以看透任何事情。所以說，你想知道山崎伸的想法吧？」

「老實說，那傢伙心裡的想法怎樣，我都無所謂，我想知道的是，他接下來會怎麼做。但是，就算我想知道，有什麼辦法嗎？啊、大嬸，如果你『可以看透任何事情』，那應該知道那傢伙打算怎麼做吧？告訴我啦。」

「傻小子。」

雷神往我頭上敲了一下。

「痛痛痛。」

「先說好啊，我不是大嬸，也不是老婆婆，我有一個體面的名字叫做『雷神』。」

「不是啊，我又沒說老婆婆……好吧，對不起，雷神。」

「好，知道就好，我確實知道山崎伸內心的真實想法。」

「請您告訴我吧。」

「傻小子。」

大嬸，不對，雷神又再一次，往我頭上敲了一下。

「我是雷神，身分特殊。像你這種一點都不特別的凡人，我怎麼可能隨隨便便就跟你說。」

「什麼啦，那我到底該怎麼做？我想回家了啦。」

「想回去就回去啊，如果你不想知道山崎伸的想法。」

「呃、有辦法知道嗎？請不要賣關子，告訴我吧。」

「這樣啊，你想知道啊？」

「是、是的，我想知道。」

看起來，如果不說想知道，她就不會放我離開的樣子。

「是嗎是嗎，真拿你沒辦法，那我就告訴你吧。」

雷神說道，然後不知從何處拿出一個褐色陶製容器，擺在我的面前。很像附近炸豬排店「勝森」的店裡，每張桌上都會擺放的祖傳醬汁容器。

「就是這個。」

「請問，這個是什麼？」

「神種（譯註：日語發音為kamitane）。」

「神……種？什麼意思？」

「正式名稱叫雷神種。你可以想成是雷（kaminari）的種子（tane），所以叫做kamitane，也可以想成是神（kami）的種子，同樣叫做kamitane。這可是只有雷神才有的種子，只要吃下一顆……」

說到這裡，雷神盯著我一直看。

「怎、怎麼了嗎？」

「還想聽下去嗎？」

「是、是的，我還想聽。吃下一顆那個種子，然後呢？」

真是個煩人的大嬸。話說回來，要我吃那個種子？不知道它是不是像葵花子一樣，真的是可以吃的東西。

「唔，想知道嗎？真拿你沒辦法，我這就告訴你吧。只要吃下一顆種子，就可以……」

「就可以？」

雷神深深吸了一口氣。接著說：

「就可以體會他人心裡的想法。」

「什麼？」

這個大嬸到底是怎麼一回事，根本聽不懂她在說什麼。這種騙小孩的話術，難道她覺得都到了這個時代，現實中的小學六年級生會相信嗎？

「你懷疑嗎？」

「沒有，我沒有那樣想，不過……一下子也很難讓人相信……」

不對，等一下哦。雷神一開始就知道山崎伸的事情，不正是因為讀取了我的內心想法嗎？不對，再怎麼說也不可能……

「好吧，那就算了，我要走了。」

雷神露出悲傷的神色，伸手準備去開車門，而我對她感到有些抱歉。

「不，請等一下！」

這個時候還是老老實實照她所說的去做吧，死馬當活馬醫，就吃一顆那個叫什麼神種的東西吧。就算雷神所說的一切都是胡言亂語，吃一顆種子應該對身體不會有什麼太大的影響吧？而且，如果真的能夠體會他人的想法，那就太幸運了。只要知道山崎伸心裡怎麼想，就能做為我明天該怎麼做的判斷依據。

「我還是想試試看，吃一顆神種。」

「是嗎、是嗎？」

雷神突然露出開心的表情。接著，她打開那個褐色容器的蓋子，讓我看裡面裝了什麼。

「隨意拿其中一顆就可以。」

容器裡裝著像節分灑豆驅鬼*所用的黃豆，滿滿一整罐。我從正中央拿起一顆豆子，不對，應該說是種子。拿出種子不是什麼難事，但我不知道接下來該怎麼做，便抬頭看著雷神。於是，雷神突然像在交代工作流程那樣說道：

「首先，你想體會誰的想法，就在心裡默念那個人的名字，可以的話，再加上住址等詳細資訊也一起默念，這是為了避免跟同名同姓的人搞混。然後呢，再默念你想知道的是關於哪件事，如果不說清楚，可能會讀到對方『現在肚子好餓』這種無關緊要的念頭。等你默念完這兩點，再來請把神種放進口中，不要吞下去，用牙齒咬。」

「好，我知道了。」

雷神的語氣突然變得和藹可親，反而讓我有些不知所措，不管怎樣，我已經聽懂她說的流程了。

我看著右手掌心上的那顆神種，接著心裡默念：

「山崎伸。」

我不知道他住哪，所以改成默念：

「一小的六年級學生。」

接下來又默念：

「順手牽羊這件事，他明天會不會跟老師坦白。」

這樣應該就可以了吧，再來只要吃下這顆種子。我閉上眼，將神種放入口中，但問題是這種子並不像黃豆那般柔軟。我把種子含在嘴裡攪動一陣，什麼事都沒發生，因此我照雷神所說，試著咬下種子。

喀拉蚩。

同一個瞬間，我感到身體好像輕飄飄的浮了起來，下一個瞬間，我整個人被粉紅色煙霧包圍。

＊編註：日本將立春前一天稱為「節分」，在這一天，家家戶戶會拿著豆子朝屋外撒，進行驅鬼去病、招福納祥的儀式。

這是怎麼回事！

這就是神種的效果嗎？我忘情的持續咬著，接下來，粉紅煙霧漸漸消散，我出現在一個陌生的房間裡。更確切的說，我不知道自己是不是真的來到這個房間，總而言之，我看得到房裡的情況。

周圍環境看起來像是小孩子的房間，裡面有書桌和一張床。牆上貼著一張藍色之星棒球隊的海報，品味還算不錯嘛。

緊接著房門開啟，有個人走了進來。我慌張的想躲起來，但是找不到地方躲。受到驚嚇的同時，我看到那個人的臉，又嚇了一跳。

是山崎伸！

這裡是那傢伙的房間嗎？山崎伸把書包扔在地上，一屁股坐在書桌前的椅子，接著雙手撐住後腦勺，望著天花板。

看樣子山崎伸好像看不見我。

山崎伸凝神看著天花板好一陣子，喃喃說道：

「那傢伙，應該會怕到說出一切吧。算了，都無所謂。」

接著他微微一笑，長吁一口氣，走到床邊隨意躺下，再度嘟囔著：

「既然被發現，那就不要說謊，這才是男子漢……」

這個時候，

咚——

善光寺的鐘聲響起，那是五點的鐘聲，提醒小學生該回家了。我從山崎伸的房間窗口望向外面，天色依舊陰陰沉沉，遠方的雲彩，感覺隱約透出一抹粉紅。

• • •

回過神來，我還是坐在停車場地上，跟剛才不一樣的是，右邊那輛車，也就是雷神走出來的廂型車，已經不在了。

我站起身來，感到一陣暈眩，但還是立刻往家裡的方向走。今天先是被川本叫去，又在停車場待了不少時間，要是太晚到家，媽媽一定會追問到底，也是件麻煩事。雖然的確必須趕快回家，但不知為何，我剛好也想跑步。

回到家裡，結果媽媽不在，我進去自己的房間，仰躺在床上。

到底是怎麼一回事，那個叫做雷神的大嬸。還有那個奇怪的種子，叫什麼神種的，好厲害。在那陣粉紅煙霧散去之後，我看見了山崎伸的房間，如果不是夢境而是現實的話，那就真的太厲害了。不過，總而言之，既然吃下了神種，就把那個房間裡的光景當做現實，來思考下一步。

從剛才看到的情況來說，山崎伸明天會向一小的老師坦白。這麼一來，我也老實說出來比較好，如果只有我不說實話，那結果真的會很糟。

我從床上起身，走到書桌前，然後翻開筆記本，把山崎伸「承認」和「這樣比較好」的地方圈起來，接著，把我自己「承認」這兩個字的線條加粗。最後，再寫上「男子漢」，就是山崎伸剛才說的話。然後，又在這三個字下面畫上橫線。這個時候，

咚——

善光寺響起五點的鐘聲。

好一段時間，那陣鐘聲在我腦海中迴響著，我看著筆記本裡寫下的「男子漢」三個字。突然間不知為何，我開始覺得生氣。「既然被發現，那就不要說謊」，這個意思

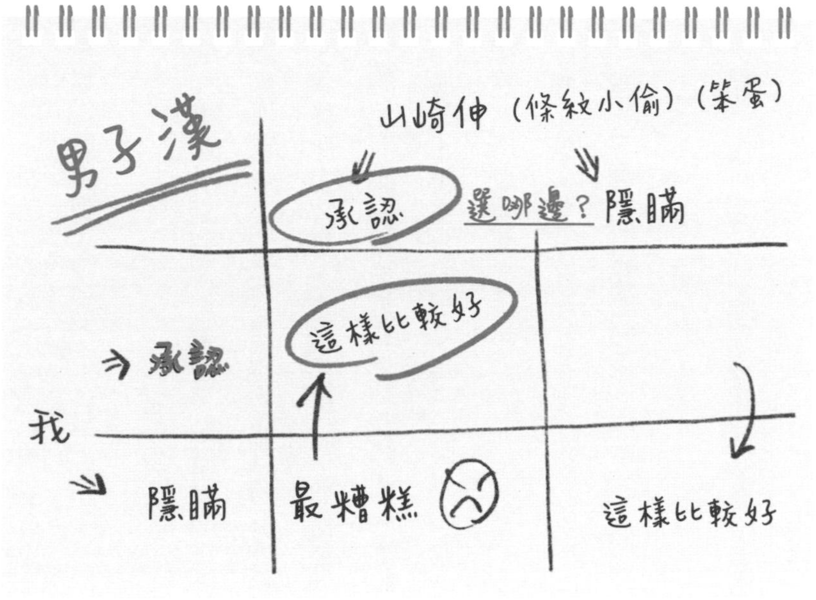

是沒被發現就好了嗎？真是投機取巧的傢伙。

愈想心裡愈不舒服，我撕下那頁筆記，揉成一團，朝垃圾桶扔去。紙團進桶發出匡啷匡啷的聲響。

「什麼『男子漢』嘛，根本只是耍帥。」

• • •

隔天早上的天空，明亮清朗。昨天籠罩校園的灰色雲朵，還有一些殘留在空中，但是雲朵間的縫隙裡，透出了白色的陽光。

我一到學校，就直接前往教職員辦公室。川本坐在辦公室最深處，啜飲著咖啡。

「哦，啟一。」

「早安。我有些事情想說。」

「哦，什麼事？」

「昨天有關南方書店那件事……」

我放低音量說道。

「那個人，確實是我。是我和一小的山崎伸，對不起。」

說完，我低下頭。

「我知道哦。剛才，一小的老師打電話來，對方說山崎同學坦率的承認了。」

什麼叫做「坦率」，那傢伙，明明只是因為事跡敗露才承認的。

「而且，你好像只是受到牽連而已。」

怎麼，那傢伙，竟然連這也說了。

「呃、不是，那個……」

「我知道。你裝做沒看見，就跟共犯沒兩樣。」

什麼嘛，這說法不就跟那傢伙一樣。算了，想想也有道理。

「還有啊，啟一，你不用向我道歉。我會先打電話去南方書店，你今天找時間去一趟，親自道歉。」

「是，我知道了。謝謝老師。」

「好，沒事了，那等一下教室見嘍。」

辦公室裡的對話，就只有這樣。本來以為要聽老師說教，沒想到這麼簡單就結束，我朝著教室走去。川本老師，果然帥氣。

「結果，兩名嫌犯都承認了。」

走出辦公室的時候，我喃喃自語。然後，我想起筆記本撕掉的那頁，上面的表格……

我會坦白承認，是因為覺得山崎伸也會承認。而山崎伸承認的原因，是因為他覺得我會「怕到說出一切」。但是說到我究竟怕什麼，就是怕山崎伸會坦白承認，應該是吧？總之，我覺得那傢伙會承認，所以我就承認，而那傢伙也覺得我會說出來，所以他也承認了。也就是說，我認為他會這麼做，我也跟著承認……總覺得，有點搞不清楚狀況了。再說，「怕」什麼怕，我根本就沒有感到害怕。

不過，要是能和山崎伸事先說好，或許我們兩人都不用承認也能全身而退。算了，我已經不想再跟那傢伙見面或說話了。而且，做錯事就老實承認，心情真是不錯。要是做錯事又不承認還覺得心情好，那就太奇怪了。

話又說回來，吃了神種後看到的景象，到底是不是真的呢？事情結果確實跟我看到的一樣，山崎伸承認了……

我在走廊上一邊走，一邊想這想那，碰巧遇到從入口鞋櫃那裡走來的裕人。

「咦，啟一，你怎麼會從那邊走過來呢？去辦公室嗎？」

「哦，早啊，對啊。」

「啊，是昨天那件事。結果怎麼樣？是獎狀嗎？」

「呃、不，算了，的確跟獎狀有關。」

我不想解釋，而且也沒說謊，因為確實是由於黃色獎狀，事跡才會敗露。

「嘿——不愧是你。那麼，今天放學我們一起回去吧。」

「嗯，那當然。」

我們兩人走上樓梯，爬到六年級教室所在的三樓。正好走到教室時，

噹——噹——噹——噹——

上課鐘聲響起。聽著鐘聲的同時，我心裡想起山崎伸還有雷神。

「昨天真是奇妙的一天。」

但是，也算有點好笑的日子。今天，又將是怎麼樣的一天呢。

早晨的陽光從教室窗戶灑入，讓我瞇起雙眼，我急忙從書包裡拿出課本和筆記本，放到課桌上。

雷神的賽局理論教室

第一堂課

步調一致的賽局

登——登登。

初次見面，我是雷神，請大家多多指教。

我把一顆神種給了那位名叫啟一的少年。

吃了神種，就能體會別人心裡的想法，簡直是像魔法一般的種子。說是像魔法一般也不太對，因為它根本就是魔法。

讓我們再次回想啟一面對的問題，他有兩個選擇，就是「承認」或是「隱瞞」順手牽羊這件事。山崎伸也一樣有「承認」和「隱瞞」兩個選擇。而且他們兩人的處境相同，如

		山崎伸的選擇	
		承認	隱瞞
啟一的選擇	承認	對兩人都不好	對啟一不好 對山崎伸最不好
	隱瞞	對啟一最不好 對山崎伸不好	對兩人都好

→ 對啟一來說「這樣比較好」　⋯⋯▶ 對山崎伸來說「這樣比較好」

果對方承認，自己也承認比較好；而若是對方隱瞞，自己也隱瞞比較好。

「依照對方的行動，決定自己該怎麼做」，在這世上，有很～多很多這種情況。

在我漫長的人生裡，不對，應該說神生，遭遇過無數次彼此猜測的經驗。

然後我了解到，這種時候先把心裡的想法整理好，有助於之後的思考。請看，就像上面那張表一樣。

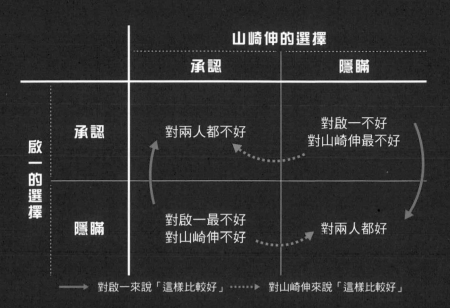

如何，是不是很容易理解？

嗯？這不就是啟一畫的那張表嗎？不一樣，我畫出來的比較好理解。因為我可是「人際關係的專家」。而且因為我不是當事人，所以不會只站在啟一的立場，而是能夠從啟一和山崎伸雙方的立場出發，來思考這個問題。

從這張表應該可以一目了然看出，「依照對方的行動，決定自己該怎麼做」是什麼意思。對方如果隱瞞的話，自己也隱瞞比較好；而若對方承認，自己也要承認比較好。

在這裡希望大家注意一個重點，雖然最後結果是「兩人都承認」，但「兩人都隱瞞」其實是對雙方來說最好的結果。但是，因為彼此都覺得「對方應該會承認」，最終就是都承認了。當然，如果雙方都覺得「對方應該會隱瞞」的話，就能得到「兩人都隱瞞」這個對雙方都有利的結果。但是，世上每件事似乎都不會如此單純與順利。

想想看，大家是不是經常發生這樣的事？明明只要兩人步調一致，就能得到好結果，但通常都是因為雙方胡亂揣測彼此的行動，最後造成兩敗俱傷。

舉例來說，大家在萬聖節會怎麼打扮呢？假設我們和朋友約好一起去參加萬聖節的活動，但你心裡猶豫著要不要變裝。如果你和朋友兩人都變裝，一定可以炒熱氣氛，玩得盡興。但是，如果朋友沒有變裝，只有你自己變裝的話，就會覺得很尷尬。因此，最後兩人

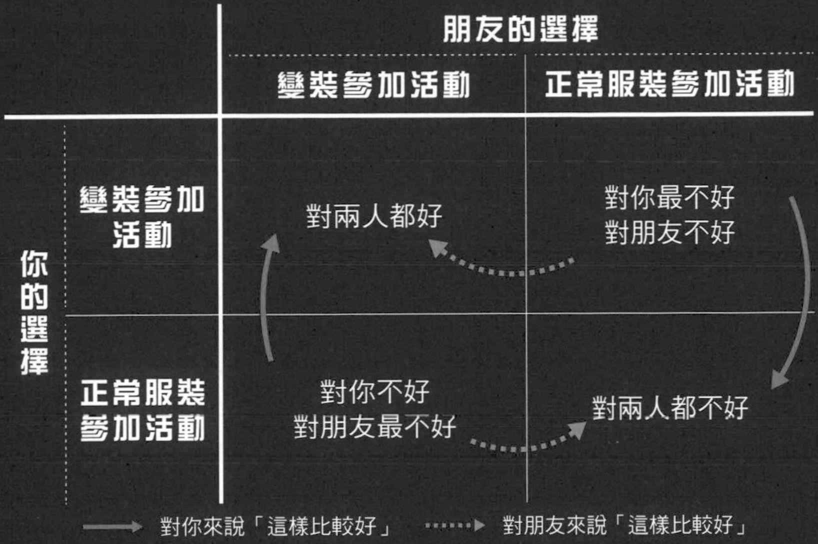
朋友的選擇
變裝參加活動
正常服裝參加活動
你的選擇
變裝參加活動
正常服裝參加活動
對兩人都好
對你最不好
對朋友不好
對你不好
對朋友最不好
對兩人都不好
對你來說「這樣比較好」
對朋友來說「這樣比較好」

都穿正常的服裝參加活動，這樣的情況是不是很常見？

還有，更糟糕的情況也可能發生。例如說，山崎伸以為「啟一會承認」，所以自己也承認，但啟一卻預想「山崎伸不會承認」，結果就會變成「只有啟一隱瞞真相」，也就是所謂「誤判」。

為了避免發生這樣的情況，要是能夠知道「對方想要怎麼做」，那該有多好。這種時候，神種就能派上用場。

嗯？你也想要神種？

這有點困難欸。然而，就算沒有神種，我也會像現在這樣，在本書各章結尾的課程中，教導大家在遇到「依照對

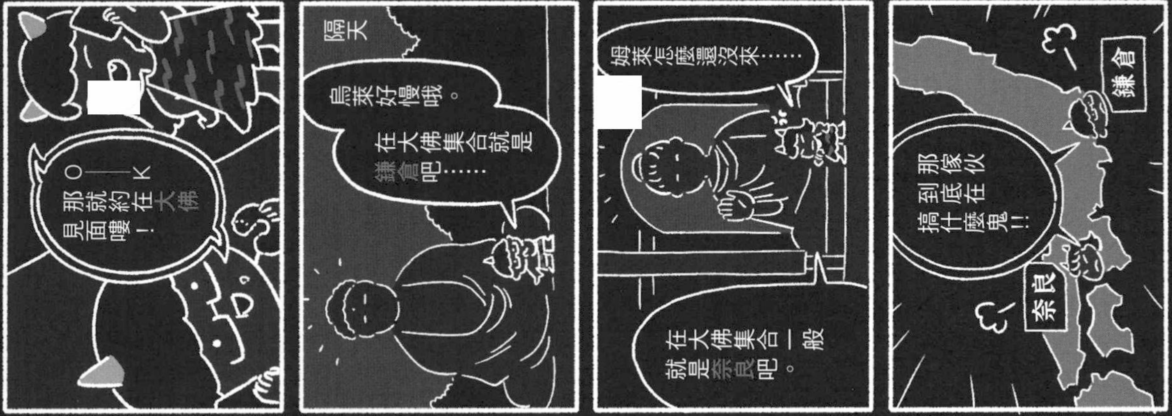

方的行動，決定自己該怎麼做」的情況時，如何採取最佳行動。

順帶一提，「依照對方的行動，決定自己該怎麼做」這種情況，很多時候就稱為「賽局」。如線上遊戲、卡牌遊戲、棋盤遊戲、運動賽事等，我們經常會接觸到各種遊戲，這些很多都是一邊思考對手的戰術，然後決定自己下一步怎麼出招對吧？這樣的情況，在這世上多到不勝枚舉。就像啟一面臨「承認還是隱瞞」的問題，也可以稱做一種「賽局」。

而像這樣分析思考賽局的學問，就叫做「賽局理論」。

接下來，啟一還會面臨什麼樣的「賽局」呢？

啊，對了對了，啟一少年明明是被連累的一方，卻能夠認知「裝做沒看見」也是一件壞事。如果換成大家，會不會堅持「我又沒拿！跟我沒關係！」呢？

賽局

人生啊……
就是一場賽局。
你在耍什麼帥。
哼
擅自拿老大的帽子來戴會被罵哦
所以就來打線上遊戲吧。
你說的是遊戲啊，別偷懶！
啊
怎麼讓沒有幹勁的姆萊認真工作，
這也是一場賽局嗎……
哇~輸掉了~

當自己做錯事時，不找藉口而能坦率承認，是一件非常困難的事。而啟一卻能做到，

這個孩子未來可期。

好啦，我要回到車上去嘍。

那麼明天見。

第2章 黑色帽子

「嗯，那當然。」

我漫不經心的這麼說。一如往常，我和裕人一邊踢著石頭一邊走回家。接著，我們也像平常一樣在社區的入口處道別，等到裕人拐進七號棟的轉角，我便急忙動身前往南書。

一進入南書，我和蹲著整理書架的阿姨對上了眼。不過，阿姨先是露出驚訝的表情，接著便移開視線。成為一個犯罪者，真讓人覺得不愉快，感覺世上每個人都避著我，同時還帶著好奇心指指點點。剛才進入南書之前，總覺得三樓法國餐廳的客人們，都隔著窗戶往下看。

他們好像在說：

「你看，那個人就是傳聞中順手牽羊的小學生耶。」

當我走到裡面的結帳櫃檯時，剛好看到熊老闆在那裡站著發楞，一副閒來無事的樣子。

「啊，不好意思，您好。那個……昨天差不多現在這個時間，我……」

我還沒想好到底該說些什麼。

「你是二小的瀧澤啟一同學吧，剛才一小的山崎伸同學正好離開。」

「啊，是這樣的啊。」

什麼嘛，那傢伙已經來過了。這也難怪，因為我和裕人一起回去，花了不少時間。

「從山崎伸同學告訴我的情況來看，你應該只是受到牽連而已吧？」

那傢伙竟然連這種事都說了，他到底是好人還是壞蛋，真是搞不清楚。

「那個，呃，是的。不過，真要說起來，我跟著他一起逃跑也是不對。很抱歉造成您的困擾，對不起。」

說完，我低下頭表示歉意。

「沒關係啦。不過，話說回來，要是你當時不逃走的話，我會聽你解釋。我都已經這個年紀了，跑起來可是很吃力的。」

熊老闆這麼說道，他擦了擦額頭的汗水，之後哇哈哈的笑了起來。看到熊老闆好像並不生氣，讓我鬆了一口氣。

我再次向老闆表達歉意，隨後便離開南書。剛才在整理書架的阿姨，這次似乎是笑著目送我離開。但我不想再看到別人刻意避開視線的反應，因此一直背對著她，所以其實我並不知道阿姨當時臉上的表情。

從南書出來後，我不知不覺的跟之前逃走時一樣，沿著鐵軌走。我來來回回的看著軌道邊灌木叢的深綠色、天空的藍色與雲朵的白色，感覺這個城鎮恢復和平，或者說，我的內心回歸平靜了。

一名身穿灰色套裝的阿姨與我擦肩而過，看她腳步急促，應該是趕著去車站吧。這個人的生活平靜嗎？不管任何人看到我，應該都不會知道，我是一名因為順手牽羊而道歉的小學生吧。那個阿姨的心裡，現在不知道在想什麼呢？

想著這些事情的同時，我來到了西公園。我決定到之前和山崎伸一起躲藏的草叢裡，思考著「城鎮中的人們與和平」，一邊沉浸在黃昏時刻。就在我心裡懷抱著這個美好的計畫，踏入草叢之際。

「喂，你在做什麼？」

草叢中傳來一陣熟悉的聲音。

是山崎伸。

「管我做什麼，那你又在做什麼？」

「我？我在這裡反省啊。」

「反省？講這什麼話，昨天明明一臉奸笑還順手牽羊。」

「唉喲，我也覺得自己做錯事了嘛。」

「什麼跟什麼啊。話說回來，你好像跟老闆說，我是意外受到牽連的，真是感謝你的多嘴啊。」

「別這樣，我只是照實把情況說出來而已，是那個熊老闆自己覺得，你是意外受到牽連。」

啊哈哈，原來山崎伸也覺得那個老闆長得像熊。

「好啦，現在要怎麼樣呢？啟一同學。難得再次相逢，要不要乾杯啊？」

聽到他說出我的名字，我心裡嚇了一跳，可能是從一小的老師或熊老闆口中得知的吧。

「你在那裝什麼大人啊，還有，不要叫我的名字叫得那麼順口，我和你根本就算不上是朋友。」

「好啦，不要那麼頑固嘛，我們不是手牽手一起逃跑的夥伴嗎？」

山崎伸望著我的臉說道，害我的臉突然發熱起來，為了掩飾臉紅，我開始思索接下來要說什麼。

「少……少囉嗦。」

這個時候，

「啊，是勇太。」

跟我同班的勇太從溜滑梯那邊走了過來，然後坐在長椅上。他頭上戴著藍色之星敵對球團黑貓隊的帽子，感覺上好像戴得比平常還低，把雙眼都遮住了。今天勇太在樓梯跌了一大跤撞到頭，去了保健室，或許是想掩蓋那時貼上的大塊ＯＫ繃吧。

「哦，那個人是你同學嗎？我好像沒見過。」

「對，他叫勇太，不知道他在那裡做什麼。那小子住二丁目，應該是在學校的另一邊才對。」

「哼，竟然是黑貓隊的球迷。」

「還是藍色之星最棒，我和你只有這點算是氣味相投。」

聽到我這麼說，山崎伸的目光微微往斜上方看了一下，接著又看著勇太。

「嗯……你那個朋友，感覺上，是不是有心事？」

確實如他所說。勇太一直是給人熱熱鬧鬧的感覺，他在團體裡總是中心人物，笑話說個不停。他常常說出風趣機智的笑話，而且性格十分開朗，在他身邊經常傳出大家的笑聲。他給我的印象大概是這樣。今天他受傷的原因，就是上完體育課回教室的途中，他帶大家在樓梯上模仿固力果*的姿勢，結果玩得太過火才會滑倒。看到勇太一個人來到這種地方，而且表情那麼鬱悶，讓人覺得稀奇。

勇太從身旁的書包拿出一張對折的淡藍色紙張。接著他稍微打開那張紙瞥了一眼，再環顧四周，又把紙折成一小張放進口袋，然後背起書包，朝著這裡走來。

「糟糕，他過來了。」

山崎伸小聲說著，我們兩人放低身子，盡量不發出聲音。

勇太走進草叢，正好在停在我們前方。從剛才勇太所在的公園中央，看不到我們這裡，但其實他和我們之間只隔著一排低矮的杜鵑花叢，現在跟勇太的距離可以說是近在咫尺。我和山崎伸幾乎趴在地上，死命躲起來。

勇太從口袋裡拿出剛才那張淡藍色的紙，接著毫無顧慮的整張攤開，這時我才看清楚，那張紙是今天發回來的數學考卷。

「可惡……」

＊編註：指固力果跑跑人高舉雙手跑步的姿勢。

勇太雙手拿著考卷喃喃說道。望著考卷好一陣子之後，他把考卷直接撕成兩半。

唰——

撕破紙張的聲音，傳進草叢裡的我們這邊。接著勇太一次又一次將紙張撕破。

這幅情景令我目瞪口呆。勇太滿臉通紅，將那張破掉的考卷——這時應該說只是一片片破紙屑——撒在地面。散落在鮮綠色草皮上的淡藍色紙屑，顯得格格不入，呈現不自然、不美觀的白色光點，勇太盯著地上的紙屑看了一會兒，

「好，一如往常、一如往常。」

他低聲的自言自語，接著便迅速一百八十度轉身，走回剛才坐下的長椅。

勇太在長椅坐下後，臉上表情像是在說「我從剛才就一直坐在這裡，什麼事都沒發生過」，接著四處張望了一陣子，便離開了公園。

「喂喂喂，他好像不太冷靜耶。」

看著勇太離去的背影，山崎伸說道。

「勇太那小子，為什麼要這麼做呢？」

「大概是考試的成績不理想吧。」

「就算是這樣，也不該把考卷撕成碎片，這樣做未免太過火了？而且勇太算是聰明的學生，成績應該不會太差……」

「問題就出在『聰明的學生』這一點吧？要是平常功課不怎麼樣的人，考差一點也不致於這麼做吧？但如果是一直都考滿分的人，稍微考差一點的時候，就會這麼沮喪。」

「你不要講得好像很懂的樣子，勇太他才不是那種會把考卷撕成碎片的傢伙。」

「你這話什麼意思，那麼『會把考卷撕成碎片的傢伙』是在說誰？」

我忽略他最後那句話，心裡暗自思考著，他說得也有點道理。勇太會不會是平常考得不錯，這次考糟了才會受到打擊呢？

但是就算這樣，把考卷撕破又亂丟，再怎麼看也不尋常。勇太這小子，到底是怎麼了啊？

勇太身旁總是圍繞著許多朋友，而且滿臉笑容，沒想到竟然有這麼灰暗的一面。要是他真有什麼難言之隱，我想助他一臂之力，不過……

「喂——！我看到——你把考卷撕爛嘍！怎麼了嗎～？」

突然間，山崎伸大聲叫喊著。

「啊？你也太大聲了吧？」

「……直接問那個叫勇太的同學不就好了？」

「笨蛋，怎麼可能這麼直接啦，一小的學生都不懂什麼叫人情世故嗎？」

「不然，你什麼都不做嗎？二小的大少爺們，就是這樣處理人情世故嗎？」

「囉嗦，我正在想要怎麼做啦。」

過了一陣子，我和山崎伸把勇太撕爛的考卷碎片收集起來。

「好啦，要是附近的人或老師發現這些碎片，那個叫勇太的男生應該會很麻煩吧？」

山崎伸提議收集考卷的碎片，而我也贊成。

之後，我們兩人各自離開，那些考卷碎片就讓同一所學校的我帶回家。山崎伸最後對我說：

「改天見啦。」

雖然他這麼說，但我並不打算再和他見面。

•
•
•

回到家後，我開始思考接下來該怎麼做，要是能夠置之不理，對我而言是最輕鬆的處理方式。

但是，如果勇太一直鑽牛角尖的煩惱，身為朋友，我可不能放著不管。

由我這樣的高材生口中說出，似乎有點沒說服力，但是像勇太這麼善良的同學，不應該為了考試分數煩惱，考試成績根本就不能代表什麼。不管考幾分，勇太還是勇太，真希望能好好向他傳達我的想法。

好像該找個人商量，但是要找誰說呢？

裕人？杏美？

不，不能找他們。這兩人雖然是我的好朋友，但就算我說句「絕對不能告訴別人」，也無法保證他們就會保守祕密。還有沒有值得信賴的人呢？

媽媽？爸爸？

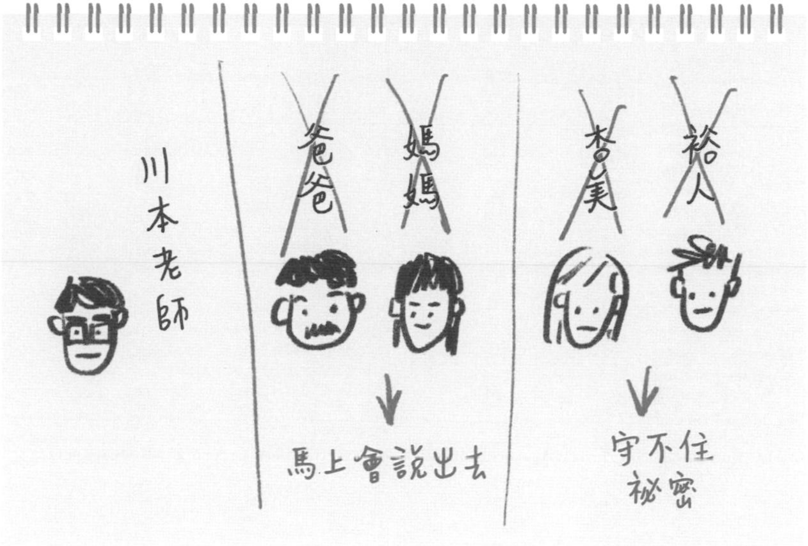

不行不行，這絕對不是好主意，家長之間一有什麼風聲，馬上就會傳開，而且要是被人知道是我講的，情況就太不妙了。

既不能找小孩子商量，而大人也不行……

正當我這麼想的時候，腦海中突然浮現川本老師的臉。

川本老師是我信任的大人，他總是仔細聆聽學生說話，也會保守祕密的，相信他一定不會對勇太不好。

就在我左思右想的時候，筆記本已經寫滿一頁。

「好，就這樣。」

我將筆記翻到另一頁。

告訴川本老師的話，老師應該知道怎麼跟勇太溝通吧，或許也會找勇太的媽媽來好好討論。

思考到這裡，我想起了勇太的媽媽。勇太家裡只有他和媽媽兩個人一起住，每次我們在客廳玩，他媽媽都會待在昏暗的廚房裡。廚房的餐桌有點凌亂，勇太的媽媽就在那裡看報紙上的文章或廣告。

回想起這個情景，「希望勇太不要再撕破考卷了」，我的心底湧起這樣一股激動的心情。

對我而言，最好的情況就是我不必向川本老師報告，勇太他自己也不再撕破考卷。這麼一來，就能像什麼事都沒發生過一樣，平和的過日子。最壞的情況就是，因為我什麼都不說，所以勇太依然繼續撕破考卷。我在翻開的筆記本上，大致畫了一個圖，根據我採取行動之後可能造成的三種結果，在旁邊寫上〇、△和✕。

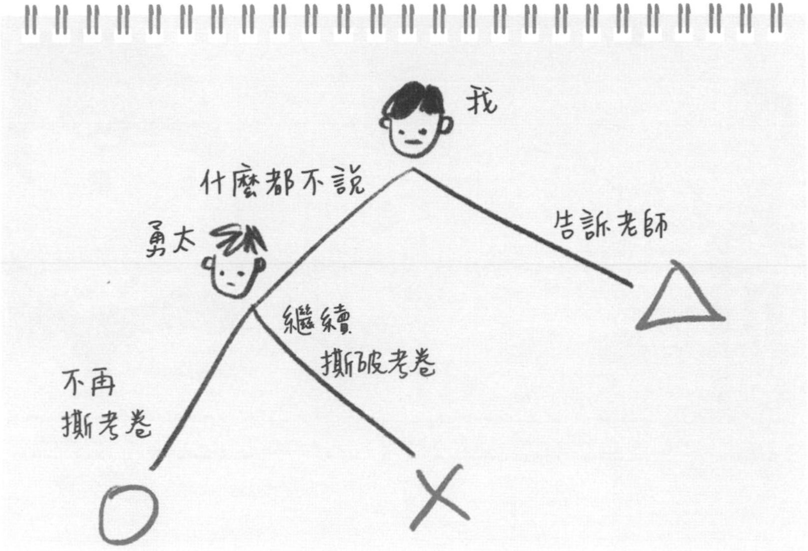

「這樣嘛……向老師報告的結果是△，什麼都不說的話，就是○或×其中一種結果……。要不說出來，接受不好不壞的結果△，或是什麼都不說，賭一把……」

我一邊自言自語，一邊想起之前在勇太家裡玩大富翁的情況。遊戲中可以選擇「上班族路線」或「創業路線」，選擇上班族路線的話，不會發生太大的風波，但若是選擇創業路線，每走一次格子，不是大好就是大壞。我當時選擇了上班族路線，而勇太則選了創業路線。

順帶一提，「創業路線」就是自

己開公司當老闆，看起來當老闆好像比較賺錢，但要是公司倒閉了，就會產生莫大的損失，大富翁這遊戲也像現實一樣，會賺大錢或賠大錢。

話說回來，我們在玩大富翁的時候，勇太的媽媽在廚房對我們說：

「為什麼人們把上班族路線念成Salaryman course呢？man是男人吧，那女人怎麼辦呢？」

我不太確定她的意思，所以回答：

「那改成『Salarysan，上班桑*』可以嗎？」

我這麼一說，勇太的媽媽好像莫名的挺喜歡的。

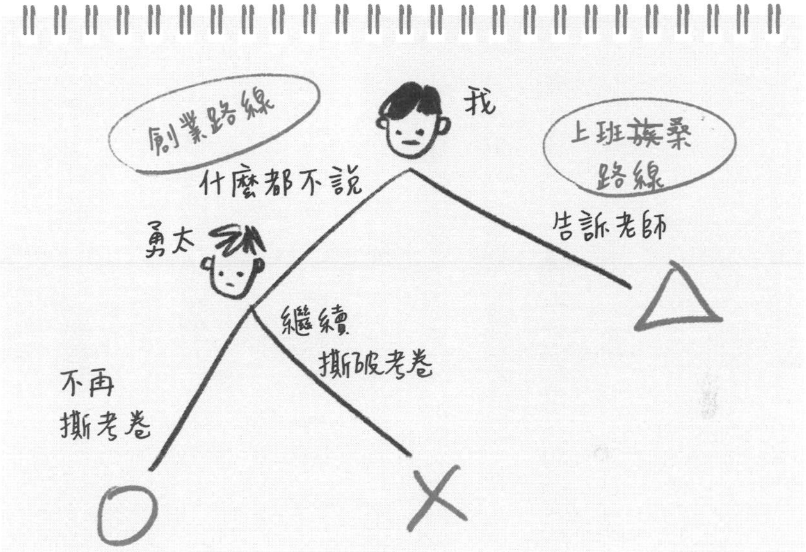

總而言之，我現在正處於該選擇上班族路線或創業路線的岔路上。穩定發展但確定只能得到△結局的上班族路線，還有不是○就是×的創業路線。

我向後仰躺靠在學習椅的椅背上，望著天花板，大富翁的輪盤在我腦海中轉個不停。

＊編註：上班族的英文為Salaryman，在日語中也念成相似的發音（サラリーマンコース）。啟一改為念Salarysan（サラリーさん），來表示不區分性別的稱呼。因為日語中，對於男性或女性的稱呼末尾都可以加上san（さん），是一般表示尊稱的用法。因此在這裡根據意思及發音，把中文字寫成「上班桑」。

就在這時，

突然從背後傳來一陣聲音。

「噗咻——」

害我嚇到差點從椅子上跌下來。

我回過頭一看，壁櫥的門打開了，從裡面冒出大量粉紅色煙霧。我驚魂未定，心臟跳個不停，同時間，心裡又想著「這景象似曾相識」。

我心裡浮現說不上是好是壞的預感，總之我隱隱約約想像到接下來會發生什麼事，但我整個人還是驚訝到無法動彈。

過一陣子，其實也就大概五秒左右，粉紅色煙霧充滿了整個房間，等到壁櫥裡不再冒煙的時候，

「登——登登！」

果不其然，又是之前那位大嬸，她發出「嘿咻」一聲從壁櫥鑽了出來，跟之前一樣身穿紫紅色連身裙，戴著花俏的紅框眼鏡，手腕也是掛著叮叮噹噹的佛珠。

「你叫我嗎？」

「沒有，我沒有。」

「是嗎？你叫我啊。」

「不、我說……這……對，就當做是我叫你的吧。」

「很好很好，哼哼，你想知道結局是○還是×對吧？」

這個大嬸好像又看穿了一切似的，這樣也省得我再說一遍。

「是的，這麼說也對啦。啊、雷神，可不可以像之前一樣，讓我再吃一次那個種子呢？」

「傻小子。」

雷神這麼說著，同時往我頭上敲了一下。

「不可以這麼依賴我。」

「痛痛痛……」

「而且我跟你說，為什麼你覺得上班族是△呢？你班上同學大多數人的父母都是上班族，不對，上班桑。難道你覺得同學和他們父母的人生，都只是『△』的程度嗎？」

「不、不是，我不是這個意思，那只是打個比方而已……」

我這麼回答。其實我自己覺得現實中的上班族不會是△，當然上班桑也是一樣。

「不可以說什麼『打個比方』，那是萬惡的根源……」

「萬惡的根源？那是什麼意思？」

「……算了，先不說這個。你剛剛說想吃神種，我是可以讓你吃啦，但有件事必須先告訴你。」

「好，是什麼事呢？」

「這個神種，每個人只能吃三顆。」

「什麼？還有這種規定喔？」

雖然我心裡想著，之前都沒聽你提過，但還是把到嘴邊的話給吞了下去。真要說起來，不是任何人都有吃到神種的機會。即使我不知道有這規定，但至少還得到了三顆的機會，已經是極其幸運了。

「所以說，你還剩兩顆。」

「咦？之前那顆也算喔？」

「那當然。」

雖然我覺得有些不滿，但如果多嘴再抱怨幾句，導致剩下的兩顆也吃不到，那我可就傷腦筋了，這個時候還是乖乖聽話比較好。

「是，我知道了。既然大嬸您這麼說，那也沒辦法。」

咚的一聲。

我又被打了一下頭。

「跟——你——說——過——，我的名字不是大嬸，我叫雷神。那麼，你打算怎麼辦？還剩下兩顆，你要吃嗎？」

怎麼辦？聽到她說只剩兩顆，我就覺得應該更加珍惜，但如果我決定不向老師報告公園裡發生的事，也不知道勇太接下來會怎麼做，這個問題就永遠無法解決，因此我只能暫時放低姿態。

「是的，拜託您了。」

「真的不後悔？」

「是的，拜託您了。」

「真的哦？」

真的沒完沒了耶，雷神！

「是！拜託您了！」

「好，來吧。」

雷神說道，接著從不知何處拿出那個像是祖傳醬汁的褐色容器，然後打開蓋子，和昨天在停車場的時候一樣。

容器裡裝滿種子，既然有這麼多，只能吃三顆也太小氣，明明讓我多吃一點也沒關係。

「那我就拿一顆……」

我一邊說，一邊拿起最上面的一顆神種，接著問：

「要說清楚是誰，還有想問什麼事情，對吧？」

雷神不發一語 默默點了點頭。我首先在心裡默念：

「我們班上的勇太。」

然後又在心裡想著：

「如果我不把他撕破考卷的事情告訴川本老師，那小子接下來會怎麼做？」

默念完這些，我便將神種放入口中。

果然，光是放進嘴裡，什麼事情都不會發生。我稍微調整一下身體的姿勢，一口咬下神種。

喀拉蚩。

最初，我心想：「咦？什麼事都沒發生啊。」但是下一個瞬間，我的身體便不由自主動了起來。先是臉龐向右邊延伸，雙腳則被舉到左上方，我又咬了一下神種。不一會兒，身體就變成上下顛倒，然後又轉了一圈恢復原狀。

我再次咬了神種，身體又轉成上下顛倒，然後再回復，我不停咀嚼，身體也旋轉得愈來愈快。

最後，我像是被一臺大型吸塵器吸入一般，承受著強大且高速的氣壓，而且不停旋轉著，速度比洗衣機還快。旋轉的同時，我的身體還以極高的速度移動著，不知道是向前進還是向後退，總之是高速移動。速度快到周遭的景色晃得模糊，最後漸漸幻化成粉紅色煙霧。

等到回過神來，我發現自己趴在西公園的草叢裡，奇怪的是我竟然沒感到頭昏眼花。我微微抬起頭來，才知道這裡就是之前自己躲藏的地方。突然間，附近傳來聲響。

唰──

我嚇了一跳，看向發出聲音的地方，勇太就站在那裡。而且，他的兩手捏著被撕成兩半的考卷。

一瞬間，我還以為自己回到之前待在公園的那個時刻，但這時山崎伸並不在我旁邊。而且現在的這個勇太把黑貓隊的黑色帽子反著戴，所以我能清楚看見他的額頭，上面並沒有貼著ＯＫ繃。取而代之的，是一道傷痕的結痂……

我毅然決然跳了出去。

「喂！你在做什麼啊？勇太。」

勇太完全無視我，繼續將手上的考卷撕得破爛不堪。

「勇太！不要再撕了！」

說完這句話我才發現，勇太他看不見我，也聽不見我說話。回想起來，當時在山崎伸的房間裡，那傢伙一樣也是看不見我。

勇太雙眼顯現出激動的情緒，過一陣子才冷靜下來，並且小聲說道：

「好，這次也沒問題了。」

接著勇太便離開了公園。

之前勇太坐過的長椅，現在坐著一名身穿西裝的大叔，看起來應該是一個上班族，不對，是上班桑吧，不知道他的生活是不是平和寧靜呢？

上班桑面前的天空，看起來好像有一點粉紅。

• • •

白色天花板上的輪盤停下來後，我重新站穩腳步，面對書桌，長吁一口氣。

我剛才看到的，恐怕就是下一次考試完發回考卷後，勇太所做的事吧。那小子，

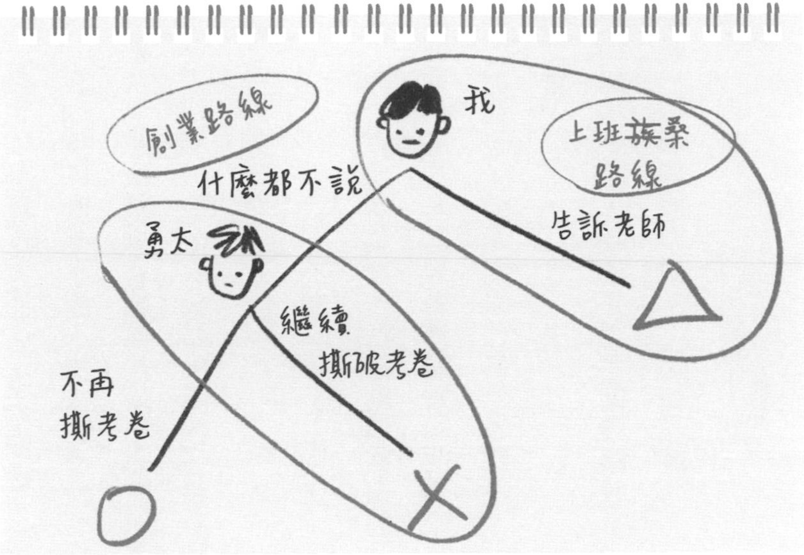

要是我什麼都不說的話，還是會繼續撕破考卷。

我望向翻開的筆記本，大大的圈出勇太「繼續撕破考卷、✕」的地方。接著，又把我「告訴老師、△」的地方也圈起來。

「呼，還好我事先知道了。」

我吁了一口氣，將筆記本闔上。

多虧有神種，我才能幫助到勇太。

要是我什麼都不說的話，勇太應該還是會繼續撕破考卷吧。

慢著，等一下。

我再次翻開筆記本，「繼續撕破考卷、×」的部分被圈起來。

我如果什麼都不說，勇太也不會有任何改變，也就是說他想要撕破考卷的原因沒有解決，那麼他就會繼續撕破考卷，這情況我早該知道，不是嗎？實際上，勇太撕破考卷這件事，在上次我和山崎伸一起看到時，好像已經不是第一次，因為勇太那小子說了「一如往常」。

在大富翁遊戲裡，選擇創業路線的話，有可能會變成大富翁或者是落入債臺高築的地獄，這些全都是靠轉輪盤的運氣。然而，筆記本上寫的是現實人生，○或×不是靠輪盤決定，而是勇太他自己做決定。因此，我只要站在勇太的立場來思考，就能知道他會怎麼做。

這樣一想，我如果選了創業路線——也就是「什麼都不說」——就應該要明白結果是「繼續撕破考卷、×」。換句話說，我應該向川本老師報告這件事。我根本不必特地吃一顆神種來知道這個結果啊……

「浪費了一顆神種啊。」

我嘀咕著，再度闔上筆記本。

●

●

●

第二天早晨，在教職員辦公室裡。

「報告。」

我打了聲招呼後打開門，川本老師又出現在我的面前。

「哦，我就覺得你會來。」

「咦？為什麼？我又沒做什麼。」

「哈哈哈，沒有、沒有。你不是來問下週班會的事嗎？」

的確，下週要開班會，由我擔任主席，確實還有一些事讓我感到煩惱。但是因為勇太這件事，我完全忘記了。

「啊、不是，這次不是為了班會……」

「哦，那你現在過來是為什麼呢？」

我刻意放低音量不讓其他老師聽到，小聲的把昨天發生在西公園的事情經過••••，一五一十告訴川本老師。

「原來如此，有這種事啊。」

我將考卷的碎片交給老師。

「謝謝你，其實啊，他媽媽也來找我談過。那孩子最近有點奇怪，老師今天也打算找他來好好聊一聊。所以，啟一你不用擔心哦。」

「啊、好的，我知道了，那我就先回教室了。」

我離開辦公室，往教室走去。早晨清新明亮的陽光照在走廊上，勇太的事情，川本老師會想辦法處理，一定沒問題的。

正當我心不在焉的走著。

「啟四、啟三、啟二、啟一！」

身後傳來洪亮的聲音，然後我頭上的藍色之星帽子被人一把抓走，只見勇太拿著帽子向前跑去。

「喂！你這小子！」

我在後方追著勇太，心想一定要把他頭上反戴的黑色帽子搶下來。

雷神的賽局理論教室

第二堂課

預判未來，往前回溯

嗨，大家好。

這次啟一面對的問題，是「要不要向老師報告好朋友勇太所做的事情？」我們稍微把情況整理一下。

就像啟一在筆記本上畫的一樣，他面臨的問題可以用左頁這個圖來呈現。

和啟一相同，我也畫上了○、△和×，但是呢，我還在旁邊畫上啟一的臉。為什麼？等一下大家就知道了。

嗯？昨天我畫的圖像是一張表格，為什麼今天畫的圖是用一根一根線條拼組出來的樣子呢？這是因為啊，昨天和今天是不一樣的日子。

嗯？聽不懂我在說什麼嗎？

好啦，就不要計較這種枝微末節的小事啦。我並不是要從頭到尾事事都教，只是想把最重要的部分告訴大家。

那麼，最重要的事情是，啟一面對的情況，可以用這樣的線條來表現。如果有人真的很想知道這部分，接下來我會教到，請暫且把疑問放在心底。但有一件事我要先說，昨天那張表叫做「賽局」，今天這張線條組成的圖，也可以叫做「賽局」。人們在做決定的時候，大多都可以稱為賽局。

回到啟一身上來，這次他面臨的問題是：選擇保證可以得到△結果的做法，或是賭一把，看結果是○或×。為了知道輪盤最終會出現○或×，他才會吃下神種。

但是，後來啟一發現，這次的結果並不是用輪盤決定。會出現○或×，也就是說停止或繼續撕破考卷，最後還是勇太自己的選擇。所以，只要站在勇太的立場來思考就好了。

「想知道別人會怎麼做，只要設身處地站在對方的立場來想」這種理所當然的道理，年輕人往往會忘記。年輕人很容易忘記自己在跟真實的人打交道，就好像把別人當成一個什麼都沒在想的輪盤一樣。只要稍微動腦發揮想像力，你就會發現，別人也和自己一樣，總是絞盡腦汁思考「怎麼做比較好」，之後才會採取行動。

嗯？你問我幾歲到幾歲才算「年輕」呢？這其實無所謂哦。就像這世上沒有完美的人一樣，也沒有不年輕的人。

再來，我們試著站在勇太的立場。正如吃了神種的啟一所想，要是他什麼都不說，勇太的情況也不會改變，所以勇太想撕破考卷的心情也不會改變，也就是會繼續撕破考卷。

我們把這個情況畫出來，然後加上對勇太而言的○和×。如果情況沒有任何改變，勇太

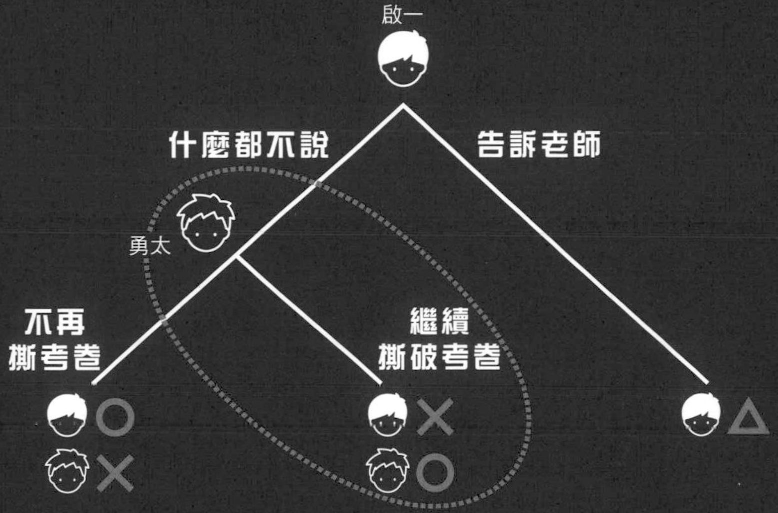

會選擇繼續撕破考卷比較好，所以那裡是〇；反過來說，不再撕考卷就是×。這是勇太的心情，所以我就畫上勇太的臉。（這樣大家應該就知道，為什麼我剛才要特意畫上啟一的臉了吧？）

從這種樹狀圖來思考可以了解，勇太在權衡〇和×之後，選擇會帶來〇結果的「繼續撕考卷」，也能得出「啟一要是不跟老師報告，勇太就會繼續撕破考卷，對啟一來說是×」的結果。另一方面，啟一選擇「告訴老師」可以得到△，結果總比×還好。因此可以預測到，最終啟一會選擇「告訴老師」。也就是說，他應當要去找川本老師。

來做一下總整理，啟一應該做的事情，首先是預測「接下來會發生什麼事」，也就是勇太的行動。因此，他必須站在勇太的立場，思考勇太會怎麼做，接下來再從勇太採取行動的時間點往前回溯，去思考啟一自己面臨的問題，這個問題就是「告訴川本老師或是什麼都不說」。像這樣先預測未來的狀況，再往前回溯時間，考慮自己的問題就可以了。這種思考方式，賽局理論的研究者稱做「逆向歸納法」。但是啊，這個名稱在這裡不重要，不必特意去記。

只要照這樣做，根本就不需要依賴神種。「站在對方的立場仔細思考，便能了解自己該怎麼做」，可說是經常會遇到的狀況。因此，從現在開始，當我們不知道對方會做什麼的時候，就試著站在對方的立場去思考。

嗯？聽起來好像在說教似的。

好啦，真要說起來，這次啟一少年滿令人佩服的，為了朋友著想，煩惱著自己該怎麼做。各位會為朋友考慮這麼多嗎？還是為了避開麻煩，而假裝沒看見呢？

還有另一件事，聽到我說「只能吃三顆神種」，他也沒有任何怨言。要是一般人，碰巧得到某樣東西，經常會產生錯覺，認為那樣東西打從一開始就屬於自己。不要把別人給予自己的東西視為理所當然，應當心存感激，珍惜你所擁有的幸運，這是一件很重要的事情哦。

逆向歸納法

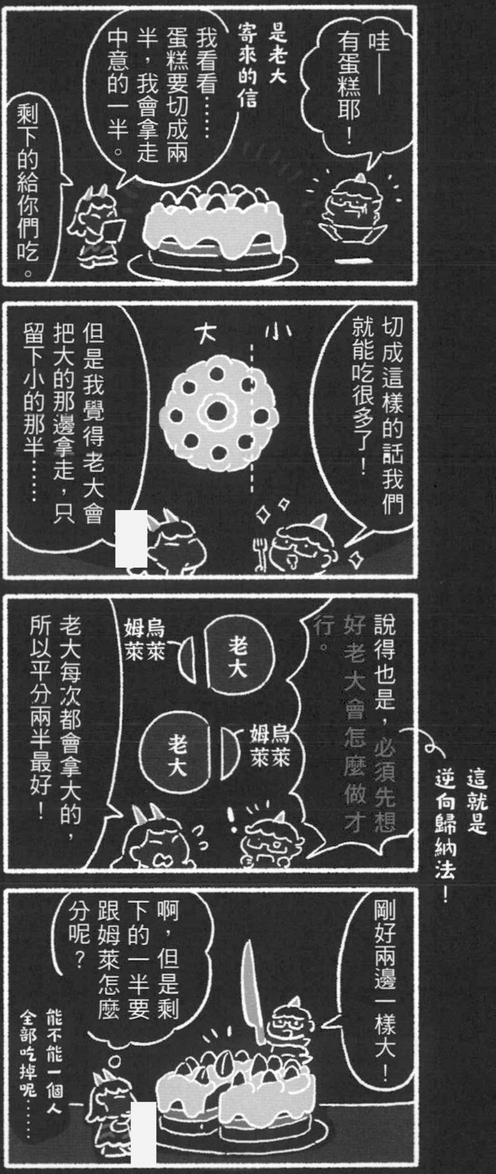
哇——有蛋糕耶！
是老大寄來的信
我看看……蛋糕要切成兩半，我會拿走中意的一半。
剩下的給你們吃。
切成這樣的話我們就能吃很多了！
小
大
但是我覺得老大會把大的那邊拿走，只留下小的那半……
說得也是，必須先想好老大會怎麼做才行。
老大
烏萊
姆萊
老大
烏萊
姆萊
老大每次都會拿大的，所以平分兩半最好！
這就是逆向歸納法！
剛好兩邊一樣大！
啊，但是剩下的一半要跟姆萊怎麼分呢？
能不能一個人全部吃掉呢……

那麼，我要回去壁櫥裡啦。
咱們下週再見。

第3章 橘色傳閱板

雷神的賽局理論教室　第三堂課 ➡ **事情的先後順序很重要**

當蟬鳴聲逐漸遠去，涼爽的清風掠過雙頰，港戶第二小學全體師生的心情也愈發雀躍，因為那代表校內最大活動「二小祭」（編註：校慶園遊會）即將到來。

二小祭除了各社團和委員會有節目活動之外，每一個班級也有「班級節目」。社團和委員會的節目，每年大概都一樣，說實在的並不有趣。像是將棋社的「挑戰將棋社員大對決！」一般人根本就贏不了社員；飼育委員會的「小兔兔親密接觸」，平常去兔子小屋就能摸到兔子，所以也沒什麼特別。

但是，各班的節目就很有趣。因為每年班上負責的成員不同，主題也就不一樣，因此每年都會有新奇有趣的活動。去年我們班上的鬼屋就非常受歡迎，因而大排長龍。

不過，並不是全校各班都有活動，一、二年級因為年紀太小，本來就沒有節目，三、四年級是所有班級都要參與，但五、六年級則是由各班自行決定，而且五、六年級還要負責社團和委員會的節目。

「要不要參加，交給學生們自主決定。」

老師們似乎是這麼想的。

然後，準備節目需要許多時間，所以當唧唧喳喳的蟬鳴聲開始響起的現在，各班就必須決定節目的主題，提交給二小祭委員會。我自己要兼顧足球社和廣播委員會的節目，光是這兩個就讓我很忙了，但我還是希望能參與班上節目。當然，前提是我們六年一班的同學有意願舉辦的話。

六年一班要不要舉辦節目，將在下週的班會上決定，而掌握班會命運的人，可以說就是擔任主席的我。該怎麼主持班會，才能引起大家參加的意願呢？

至少客觀上來說，班級節目是很棒的一件事。班上同學共同討論，想出讓其他班級的學生大吃一驚的有趣節目，接著全心全意做準備；暑假期間，大家會來學校，分擔各項工作；到了二小祭當天，全班同學將同心協力，讓客人享受樂趣。

沒有比這更美好的事情了，對吧？所以大家一定也都希望班上有節目。

但是，我在心裡稍微想像了一下。

「那麼，贊成舉辦班級節目的同學請舉手。」

這個時候，應該所有人都會舉手吧。

但要是在最初的幾秒，不，就算只有一秒，剛好都沒人舉手的話呢？

這種時候，只要有人舉手，自己也會想舉手，但如果只有自己一個人舉手，總是會覺得尷尬。於是，一秒過去，又經過一秒，沒有任何人舉手，最後結果可能演變成我們班不舉辦節目活動……

川本老師好像也注意到我的煩惱，找他商量也不是不行，但這樣一來，我就變成

「為了達成自己希望的結果，而借助大人的力量」，總覺得不是那麼光明正大。而且，我身為主席更應該要發揮組織能力，讓老師看到，我靠自己的力量就能順利讓班上同學決定參加。

我一邊想著班級節目的事情，一邊朝著南書走去，最近這四天內有三天，我都去了那家書店。今天不是去順手牽羊，也不是去道歉。不對，最初那天，我也不是為了順手牽羊而去的，對，那天是為了幫弟弟買生日禮物。結果，我卻被山崎伸連累，最後禮物也沒買成。昨天我雖然也去了南書，但是道歉之後也不好意思留在書店裡挑書，所以今天又特地造訪，這次一定要買到禮物。

抵達了南書，今天我完全沒在漫畫專區逗留，徑直前往繪本專區。

繪本有各式各樣的類型。我經常念給弟弟聽，以為自己應該大抵都知道了，但實際來到書店後，才吃驚的發現有這麼多種類。要是能把這裡所有的繪本都買回去就好了，但是我身上的錢有限，買一本就已經是極限了。

順帶一提，沒有錢並不是我的錯，我本身並不是個浪費金錢的人，而我跟爸媽協商過好幾次，希望提高零用錢的金額。儘管如此，我身上的錢還是太少，主要是零用錢本來就不多，或者說這世上的東西，特別是我想要的東西，實在太貴。前陣子看到一張藍色之星的墊板就要五百日圓，嚇得我眼珠子都要飛出來，但最後飛走的是我錢包裡的五百圓。

就在我想東想西，同時認真的幫弟弟找書時，突然感覺到背後有人接近。

「登——登登！」

一聲大喊伴隨著一個扮著鬼臉的男孩，突然在我面前冒出來，害我嚇得心臟幾乎停了一拍。

冷靜下來一看，原來是山崎伸。

「慌慌張張的啟一同學，跟幼兒園小孩看的書還真相配呢～」

這真是最糟的情況，在我不想遇到任何人的時候，竟然遇到最不想遇到的人。

「吵死了，沒事幹嘛這樣嚇人啦。而且我又不是在找自己的書，是想買給弟弟。」

「好啦好啦，我知道我知道，有些人總是拿弟弟妹妹當藉口。我有一個朋友，長這麼大還在看《ㄅㄆㄇㄈ大姊姊》，就是那個給小寶寶看的節目。然後，他就說『不是啦～因為妹妹在看的關係』，把責任推給妹妹。換做是我，才不會找別人當藉口，會光明正大承認我喜歡看，很了不起吧？」

他這麼回應，然後開始物色起繪本，嘴裡一邊哼著「ㄅ、ㄆ、ㄇ、ㄈ，大姊～姊！」也就是《ㄅㄆㄇㄈ大姊姊》的主題曲（我是因為陪弟弟看才知道的）。過一陣子，他又說：

「這本，超～有趣的，我一直到現在還是經常拿出來看哦。」

他拿起一本繪本，書名是《跳跳吉大冒險》，剛好我心裡也覺得「這本書好像不錯」。

「什麼？你還在看這種書，不覺得害羞嗎？都已經六年級了──」

「不會啊，很奇怪嗎？在意這種事情很遜耶。」

山崎伸這麼說道，一副從容自在的樣子。不知為何，反倒是我的臉頰通紅發燙了起來。

就在這時，

「哦，你們兩個。」

背後傳來說話的聲音，是熊老闆，他推著一輛滿載書籍的推車。

「啊，你好。」

我和山崎伸齊聲向他打了招呼。

「哎呀，你們兩個，已經變成這裡的常客了嘛，哈哈哈。」

我和山崎伸笑不太出來，只能用苦笑來帶過。熊老闆繼續說：

「啊，對了。有件事想問一下常客的意見。」

「我們的意見？」

「對呀對呀，我想聽聽你們的意見，希望你們不要客氣，照實講。」

「哦，好啊。」

「好，那我就直說嘍，這棟大樓……」

熊老闆說著，右手食指朝上，自己也抬頭往上看，我們也跟著他的動作抬頭往上看。熊老闆停頓一下又說：

「你們覺得怎麼樣？」

「咦？怎麼樣的意思是……就是一棟普通的大樓啊。」

我咕噥的說著，山崎伸則說：

「大叔，你為什麼會問這個？」

「嗯，其實啊……」

熊老闆說完，從推車上拿起一張筆記本大小的橘色板子讓我們看，板子上寫著「傳閱板」。

「傳閱板……怎麼了嗎？不過，沒想到商業大樓裡面也有傳閱板，我一直以為那是住宅社區裡面才有的東西。」

嗯，原來山崎伸家在住宅社區裡，這麼說來，上次我看過他的房間，的確是住宅社區裡常有的房間格局。如果當時我真的去了他的房間的話。

「我們這棟建築叫做山田大樓，南方書店是山田大樓一樓的租戶。然後呢，這棟山田大樓，你們難道不覺得……有點破舊嗎？有些地方都斑駁掉漆了，所以屋主山田先生計畫重新粉刷，不過他還是想問一下大樓租戶的意願，所以發了一份問卷下來。」

「哦——那參加問卷調查的店家，就是南方書店和二樓的港戶補習班，還有三樓的餐廳嘍？」

我問道。順帶一提，港戶補習班是這個鎮上有名的補習班，我們班也有很多同學在那裡上課，像是杏美還有裕人。

「沒錯沒錯，然後啊，雖然說是問卷調查，但對於山田先生來說，如果贊成的租戶比較多，就會重新粉刷，反對的租戶比較多的話，應該就暫時不會粉刷吧。」

「就是所謂的民主。」

山崎伸一副頭頭是道的樣子。

「哈哈哈，大概是這麼一回事。」

「那麼，南方書店的想法是什麼呢？我想一定是重新粉刷比較好吧？應該沒有不重新粉刷的理由吧？」

我拉回原本的話題。

「也是啦，我們書店當然是希望可以重新粉刷。不過，如果要重新粉刷的話，這棟大樓的外圍就會搭起鷹架好一段時間，建築物的外觀會變得很醜。特別是現在正好是雨季，工程可能遲遲無法完成。這麼一來，三樓的『開動了』，啊，就是那家餐廳的名字，那裡對重新粉刷的意願可能不高。工程期間不

只是建築物外觀變醜，窗外的景色也會變差。那家餐廳雖然只在三樓，但實際上從窗戶向外看的景色還不錯，好像很多客人也是因為漂亮的視野才慕名而來。但是，粉刷期間就看不到好景色了吧？就算重新粉刷不會花費幾個月的時間，但是只要有一段時間客人減少，使得業績下降，對餐廳來說似乎是個大問題。」

「嗯——那麼，『港補』的想法呢？」

山崎伸問道，他說的「港補」就是港戶補習班的簡稱。

「啊、那邊是怎麼想的啊……應該是贊成粉刷，我想他們應該不會太在意建築物外觀。」

「那就是兩票對一票，決定贊成不是嗎？」

我一邊說著，又想起下週班會的事情。我們班上有三十人，相比之下，這邊的「投票權」全部也才三票，輕輕鬆鬆就能解決吧！

但是，熊老闆卻歪著頭思考。

「嗯——該怎麼說呢。」

「咦？有什麼問題嗎？」

「我在想，確實，我們三家店對於重新粉刷都有各自的想法，不管怎麼樣，我都希望大家彼此和平共處。兩票對一票感覺像是意見不合，希望可以避免這種情況。」

「是喔，是這樣的嗎？每家店都能充分表達自己的意見不好嗎？這才是民主的真諦啊。」

我這麼回應，因為不想讓山崎伸一個人提到民主。我本身並沒有狂熱信奉民主主義，但是看那傢伙賣弄學問的模樣，我也不想落於人後。

不過，這時山崎伸提出反駁。

「是嗎？」

「嗯？你有什麼意見嗎？」

「你想想，每個人充分表達意見，事情也不一定就會順利啊。我們班開班會的時候，有些同學什麼都不說，只是配合其他人舉手而已。光只是說『大家有意見都可以說出來哦』，結果會講的人就是會講，不會講的人還是什麼都不講啊。如果不明白這一點的話，那表示主席的能力不夠。」

山崎伸當然不是因為知道我是一小的班會主席才故意這麼說，但聽在我耳裡，就像是自己身為主席，卻被指責能力不足，讓我心裡有點生氣。我稍微的咂嘴，然後問了熊老闆：

「這棟建築的租戶，是不是發生過什麼事，讓大家不能交換意見？如果想要和平共處的話，在回答傳閱板的問卷之前，大家一起討論不就好了嗎？」

「就是這點……有些困難啊。」

熊老闆這麼說道，他看向遠方，說起事情的始末。

•　•　•

從熊老闆的話裡得知，山田大樓的三家店，一直到去年底感情都還不錯。但是，就在三家店一起辦尾牙聚餐的時候，好像因為一點小事起了爭執。一開始是「港補」

的班主任和「開動了」的店長，聊到港補的學生們，有時候在上課時會發出很大的聲響（大概都是老師上課時講笑話，逗得同學們放聲大笑），聲音大到連餐廳都聽得到。而那個時候大家都喝得有點醉了。

「聽到孩子們大吵大鬧，來用餐跟欣賞夜景的情侶，他們的美好氣氛都被破壞了。」

開動了的主廚說道。

「囉嗦！孩子比情侶還重要啦！反正你們餐廳只是三樓，根本就沒有多漂亮的夜景！」

「你說什麼！」

現場氣氛變得十分火爆，最後出面調解的熊老闆也被捲入其中。

「你們開書店的可輕鬆了！把書排一排坐著等客人上門就好。」

聽到人家莫名其妙這麼說，熊老闆回答：

「才不是！我都站在收銀檯好不好！」

結果熊老闆的回應更是莫名其妙。

「經過那次之後，彼此碰面時就不太講話。但我不希望關係變得更尷尬，所以每次遇到他們都很小心，總是會避免去得罪對方。」

「原來如此，真是辛苦您了。」

山崎伸敷衍的做出結論，我覺得必須再把話題導回正軌。

「簡單來說，南方書店希望結果是贊成重新粉刷，但更重要的是，如果其他兩家店都贊成，自己當然也投贊成，但如果他們都反對的話，你也想投反對。」

「就是這樣沒錯，先不管『港補』和『開動了』是贊成或反對重新粉刷，他們的想法應該也跟我一樣，重點在於盡量避免發生不和睦的情況……」

「也就是說，你想知道其他兩家店，會把票投向哪一邊……」

山崎伸若有所思的自言自語，看來他是在思考，其他店家會做出什麼決定。動腦思考也是不錯，但是我還知道另一個完全不同、出乎所有人意料的解決方法。

沒錯，就是神種。

只要使用神種，就能體會他人內心的想法。

話說回來，我只剩下一顆了。一想到只剩最後一顆，突然覺得有點可惜。

但事實上，現在不正是使用最後一顆的絕佳時機嗎？

第一次與雷神相遇的契機，正是南書的順手牽羊事件，所以我覺得，將最後一顆神種用來幫助南書老闆，也是合情合理。

慢著。

昨天已經浪費了一顆神種，明明只要經過思考就能了解的事情，我卻沒有好好想過，就用了神種。這次在輕易依賴神種之前，應該再多加思考一下比較好。

「那個……」

我開口說道。

「這個問題請交給我吧，我絕對能夠看穿其他兩家店會怎麼投票！也許只要思考一下就能知道，就算真的想不出來……絕對沒問題！我會想辦法！一定可以的！」

「真的啊，真是可靠呢。不過，希望可以快一點，因為我想在今天把這個傳閱板，拿到港補那邊去。」

熊老闆說道，一旁的山崎伸露出詫異的表情看著我，應該是功勞被我搶走而感到懊惱吧。

「喂，我說啟一同學，你不要一副得意洋洋的樣子，快點把筆記本拿出來吧。」

「咦？筆記本？哦……」

其實我正好也是這麼想的，於是便從書包裡拿出筆記本。我把它放在推車上面，翻到新的空白頁。當然，我在翻開時十分小心，避免翻到與勇太有關的那幾頁。值得慶幸的是，分析山崎伸會不會承認順手牽羊的那頁，已經被我撕掉。

「好，我看一下哦，南書、港補還有開動了。」

我在筆記本上畫了一個表。

「哦，你們把南方書店叫成南書喔？」

「對啊，沒錯。因為『南方書店』有點太長，我們有時候就省略這樣叫。」

「南書啊，聽起來不錯耶。」

南書	港補	開動了	結果
O	O	O	⇒	O
O	O	X	⇒	O
O	X	O	⇒	O
O	X	X	⇒	X
X	O	O	⇒	O
X	O	X	⇒	X
X	X	O	⇒	X
X	X	X	⇒	X

熊老闆喃喃說道。

「贊成就打○，反對就打✕。」

「這樣看起來，南方書店，不對，南書投下的一票影響很大耶。如果投了贊成的話，四個結果裡就有三個是贊成，如果投反對的話，四個結果裡就有三個是反對⋯⋯也就是說佔有75％的決定權⋯⋯」

看著我筆記本上的表，熊老闆這麼說。接著，山崎伸也插嘴說：

「但是，如果是玩遊戲的話，出現○或✕都是靠運氣，看輪盤轉到哪一邊；現在我們面對的是現實人生，○或

117

×都不是看輪盤的結果，而是港補和開動了自己做決定。」

「哦，你說的確實沒錯。」

熊老闆表示同意，而我在一旁嚇了一跳，本來倚靠在推車上，差點摔到地上。因為山崎伸所說的話，正好和我昨天思考的結果相同。那個時候，我在想「現實人生是由勇太決定，和依賴輪盤決定的大富翁不一樣」。

怎麼會這樣，我和山崎伸難道有心電感應嗎？想想真是不舒服。

但是山崎伸說得很對。

「那麼，我們就來思考，港補和開動了會怎麼想吧。」

我說。

「那個……從這張表來看，如果港補投贊成票的話，四個結果裡也有三個是贊成，投反對的話，也是四個結果中有三個反對……」

「換成開動了也是一樣的情況。」

山崎伸說。

「嗯……要是不知道其他兩家店會怎麼投票，結果還是不知道該怎麼辦呀。港補和開動了如果投贊成，南書也投贊成比較好。相對的，如果港補和開動了投反對，南書也跟著投反對比較好。」

我喃喃說道，接著……

「啊！」

熊老闆突然大叫一聲。

「你不要嚇人啦，怎麼了嗎？」

「我忘記一件重要的事情，這個問卷是用傳閱板的方式進行。」

「對啊，你不是一開始就說了嗎？」

山崎伸說完，熊老闆接著說話：

「是的，我剛才的確有說。但是啊，每家店的投票方式，是在這裡蓋章。」

熊老闆說完，翻開「傳閱板」的橘色封面，讓我們看見裡面那一頁，上面有一個表格，讓各家店蓋贊成或反對。

「所以，這怎麼了嗎？」

「是的，聽我說，我們書店在一樓，所以會先蓋章。接下來就是給二樓的港補蓋章，最後再傳到三樓讓開動了蓋章。」

「啊，也就是說，南書蓋章的時候，並不知道其他兩家店的決定，但其他店蓋章時，已經能看到南書把印章蓋在哪一邊嘍？」

「你說的沒錯，這樣的方式，不是有點不公平嗎？」

熊老闆有點發牢騷的說，山崎伸又插嘴：

「唉喲，你應該早點說啊，這麼一來情況就完全不同了。」

「嗯，確實如此，那應該這樣畫比較好。」

我將筆記本翻到下一頁，重新畫了一張圖，像昨天那樣的樹狀圖。

「這是什麼？」

「這個可以看出，假如南書投贊成，港補也投贊成，開動了投反對的話，就是○、

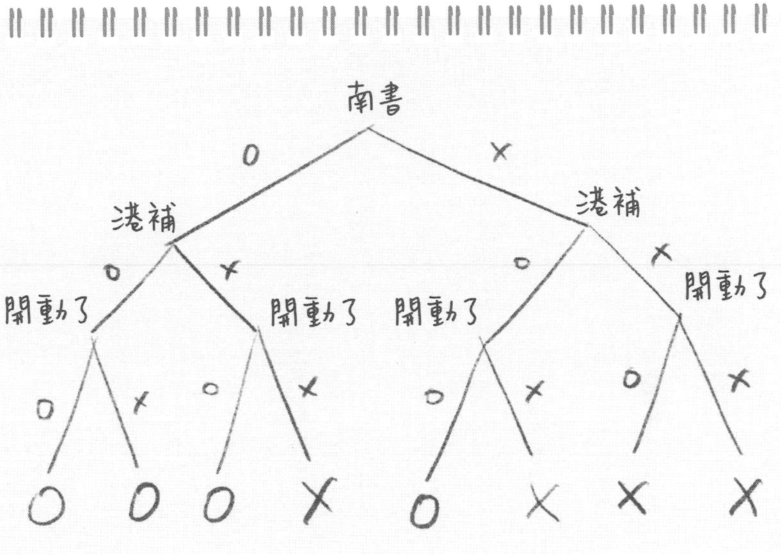

〇、×，最後結果是〇。每一家店投票會造成什麼樣的結果，從這張圖上都能看得出來。」

「不是啊，看剛才那張表不是也可以知道嗎？」

「對，那張表也一樣可以知道，但是那張表無法一眼看出投票順序，也不知道每一家店在投票時看到的情況。所以我才會畫成這種樹狀圖。」

「哦——原來如此，這張圖好像更能清楚理解你說的那些情況。不過，就像啟一同學剛剛說的那樣，我們書店和港補投贊成的話，開動了就不會投反對。就算開動了其實是反對粉刷，但之前發生過爭執，他們應該也想避免關係變得更不和睦。」

「嗯，的確是這樣沒錯……」

「好啦，就當做是這樣不就好了嗎？」

山崎這麼說。

「在這張圖上面，把『不太可能發生的結果』刪掉不是更好嗎？只留下可能發生的結果。不太可能發生的結果，就是開動了看到兩票贊成，還故意要投下反對，這種情況就可以刪掉。」

「嗯……原來如此，你說的沒錯。那麼，總之我們就站在港補的立場，去思考他們會怎麼做……」

熊老闆雙手環抱在胸前，頻頻點頭稱是。山崎伸目光看著斜上方，好像在思考什麼。過一陣子他收回視線，然後說：

「可是，這樣還是不夠清楚……你看，港補之後不是輪到開動了投票嗎？如果不考慮開動了的想法，我們也就不會知道港補會怎麼做了。港補在投票的時候，一定也會去猜測開動了的想法。」

「這麼說也沒錯。」

熊老闆表示贊同。話說回來，他應該在工作中，可以跟我們在這裡消磨時間嗎？不過，反正店裡也沒有多少客人，而且，之前總是在整理書架的阿姨，就在顧收銀檯，應該沒問題吧。

「接下來，就來思考開動了的想法。嗯……」

「首先，如果看到○、○的話，開動了應該也會投○吧。」

山崎伸問。

「嗯，我覺得應該是的。」

「那麼○、○後面也會是○……」

我把開動了投○的那條分支線畫得更粗。

「那如果是○跟×的話呢？」

「嗯——如果是這樣的話，前兩家店的意見已經不同，那麼對開動了來說，應該

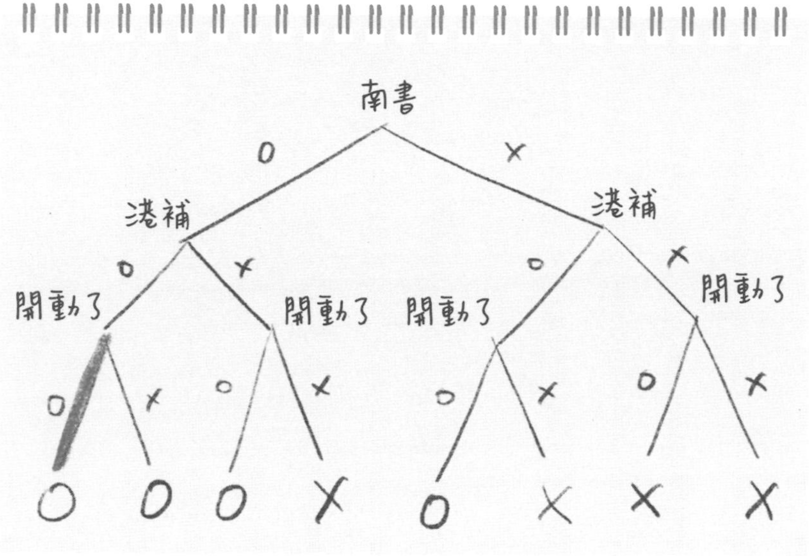

就會依照自己的期望投下反對，也就是說應該會選×。」

「原來如此，這裡是×。啊，那如果是×、〇的話，開動了也一樣會依照自己的期望投×。」

「嗯，我也這麼想。」

「最後如果是×、×的話，開動了也會投×。因為在兩票反對之後，他們投×也不會影響到彼此的關係，而且開動了一開始就想投反對。」

「確實如此。」

「哦，這樣一來就能預測出開動了的選擇！」

山崎伸開心的說道，我也覺得有點

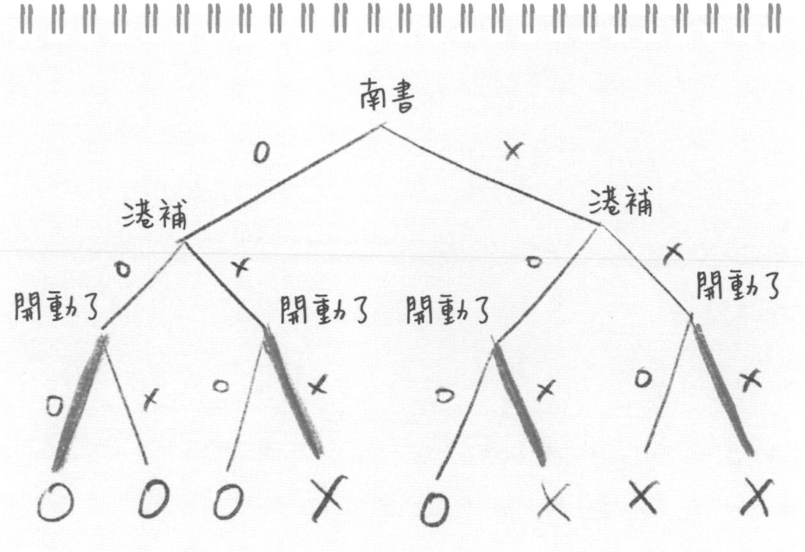

高興。

「那接下來就是推測港補的想法了……」

「我看看哦，我們只要考慮南書選擇○或×兩種情況就可以了。」

熊老闆這麼說，山崎伸看著他的臉繼續說：

「首先，南書選擇○之後，港補會怎麼做呢？港補可以選擇○和×其中一項，如果選○的話，開動了也會選○，結果就是三家店都選○。但是港補選×的話，開動了也會選×，票數就會分歧成二對一……」

「那麼，港補應該也想避免意見分

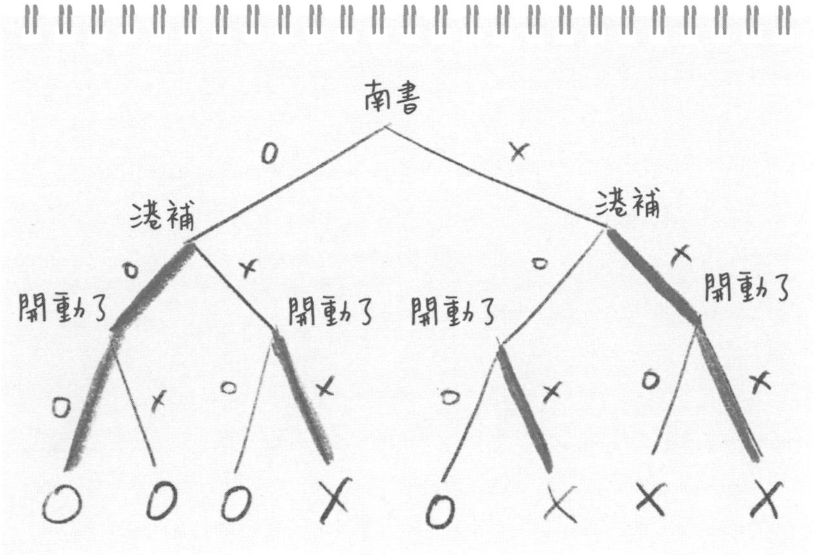

歧，所以會選○吧。」

「那就當做港補選○好了。」

我又再次把筆記本上的線條加粗。

「啊，南書選×之後……港補如果也選×，那開動了也會選×，結果就是三家店都選×。就算港補選○，開動了也會選×，結果還是×。這樣的結果也是二對一，票數分歧了……」

「所以說，這個情況下，港補應該很有可能選×。」

「那就當做是×吧。」

「哦，這樣就只剩南書了。」

「嗯，南書如果選○的話，港補也會選○，開動了也是○……」

我將筆記本上的線條加粗，口中念念有詞，一邊思考著。

「這樣一來，如果南書選×，港補也會選×，開動了也是×……」

「不管選哪邊，投票都不會分歧！太好了太好了！」

熊老闆這麼說。

「沒錯，真是太好了。」

我也跟著附和，山崎伸插嘴說：

「不對，等一下。」

「怎麼了？投票沒有分歧，不是皆大歡喜嗎？」

「不是，雖然推論出好結果是不錯，但最終南書投哪一邊比較好，不正是我們要思考的問題嗎？」

「啊，這樣說也是啦。」

「照這樣看起來，南書一開始怎麼選，就會直接決定最後結果。先看〇，就是說南書投下一票贊成，結果三家店都會贊成，再看×，只要南書投下反對，結果三家店也都會反對。總而言之，一切都看南書怎麼選擇。」

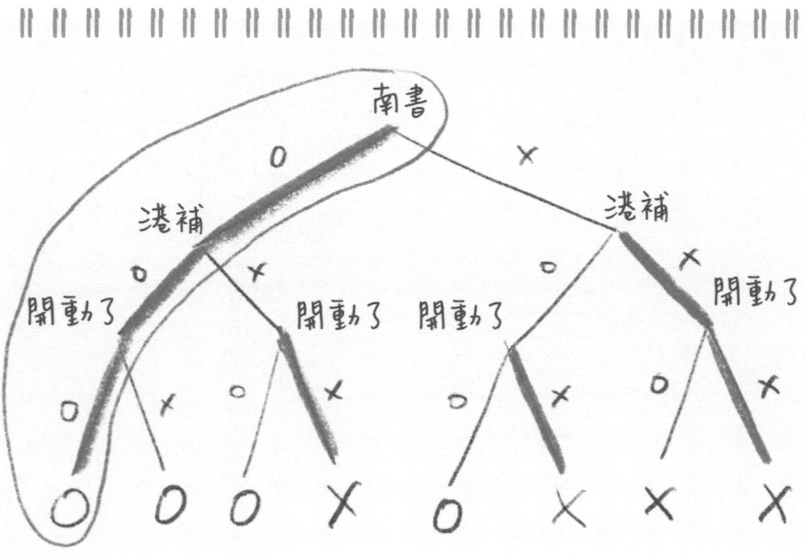

「這樣的話，我們書店想選贊成，希望房東能幫這棟建築重新粉刷。」

「嗯——這樣就不民主了耶。結果變成港補和開動了，都跟著南書的意見來選啊！」

雖然山崎伸這麼說，但我決定不理他，最後在筆記本畫上一條粗線，再把「○、○、○」的地方圈起來。

「好了，這樣應該解決了……」

「唉呀呀，真的推敲出結論了耶，謝謝。嗯——像這樣思考就能知道啊，原來如此。」

熊老闆喃喃自語之後，突然對著負責整理書架的阿姨大聲喊道：

「南方太太——重新粉刷那件事，可不可以在贊成那裡蓋章？」

那位經常在整理書架的阿姨回答：

「好啊好啊，我一開始就想蓋贊成了。」

然後她將手伸進圍裙口袋裡翻找。

「啊，找不到印章耶，你能不能代替我蓋章？」

「啊、好的，我知道了。」

我和山崎伸對看了一眼。

「呃……南方太太……難道就是南方書店的南方……嗎？那個人才是這家店的老闆嗎!?」

「嗯，對啊，沒有錯，你們不知道嗎？」

「不是，那個……」

我們以為你就是老闆——這句話始終沒說出口。因為他是男的，而且身形壯碩，覺得他看起來一副是老闆的模樣。憑藉性別和外觀就擅自判斷別人的身分，讓我感到有點羞愧。

山崎伸應該也跟我想著一樣的事情，只見他有些臉紅。

熊老闆，不對，應該只是**熊先生**，從口袋裡拿出印章，蓋在贊成的格子裡。

◎請在選擇的欄位蓋章

贊成	反對
熊野	

「咦？大叔，你姓熊野喔？」

我和山崎伸又再次對看一眼，同時笑了出來。

「對啊，有什麼好笑的嗎？」

「不、沒有，沒什麼啦。」

我倆笑個不停，然後說：

「那從今以後，我們可以叫你熊先生嗎？」

「哦哦，好啊，請多指教。」

就這樣，事情解決後我和山崎伸離開了南書。

• • •

一週後的星期四。

這一天是期待已久的班會。我們利用休息時間，把課桌椅沿著教室排成一圈。全班同學的視線都注視著站在黑板前面的主席，也就是我本人。

「那麼——現在開始開班會。這次討論的議題是『六年一班要不要在二小祭舉辦班級節目』。」

我回頭看向黑板，念出擔任會議紀錄的修同學事先寫下的題目。

至於要不要舉辦班級節目，我本人當然是贊成。同時，為了將班上的意見引導成多數贊成，我已經想好該怎麼做。

我的腦海中有一棟三十層樓的建築，每層樓都住著一位班上的同學，只要三十個人全部……不對，只要一半以上選○，就能重新粉刷建築物。要怎麼讓各層的住戶——也就是班上同學——選擇○呢……我知道方法。

「接下來，我想提議投票的方式，大家覺得，每個人按照順序說出自己的想法，這樣好嗎？」

班上同學大概以為我會說「贊成的人請舉手」，或是「在紙上寫下贊成或反對」，有些同學露出些許驚訝的表情，但大多數人臉上表情寫著「這樣也無所謂」。我繼續說：

「那就從我開始，我贊成舉辦班級節目，這是我們小學生活中最後的二小祭。我覺得大家同心協力為節目做準備，是一件很棒的事情，讓我們一起努力吧！我要在『贊成舉辦班級節目』投下一票。」

我站在三十層樓建築的一樓，高舉雙手在頭上比出一個大大的○，接下來就等剩下二十九層樓都選〇了。這麼一來，這棟建築就能重新粉刷，變得煥然一新。

我聽見修在我背後的黑板上，為贊成的「正」字畫下第一筆的聲音。

接著我望向排成一圈的課桌椅最角落的位置，坐在那裡的人是杏美。

「那麼，下一位，請羽田杏美同學發表意見。」

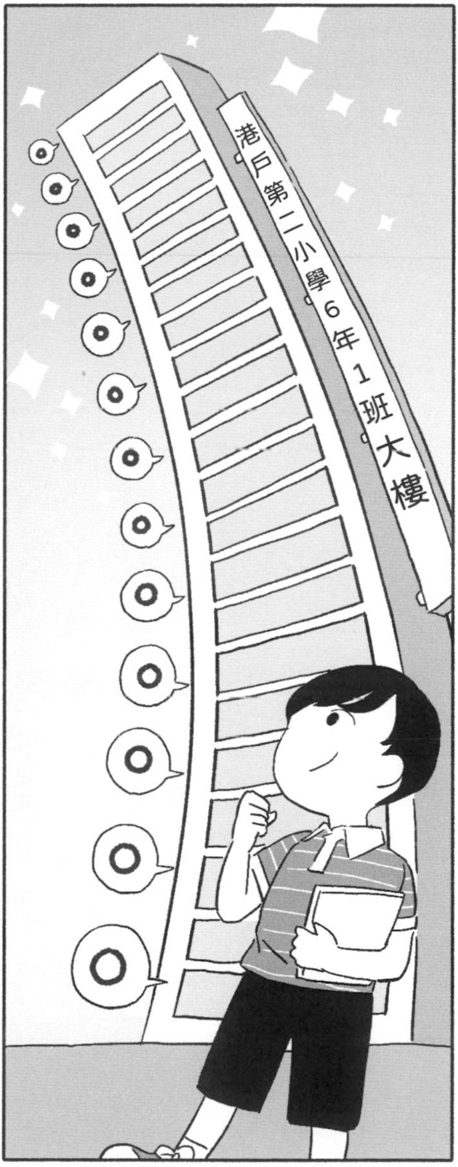

雷神的賽局理論教室 第三堂課

事情的先後順序很重要

哎呀呀呀。

這次沒有我出場的機會耶，因為啟一沒有依賴神種，而是自己動腦仔細思考。

啟一這次面臨的問題，和第二堂課一樣，也是「預判未來，往前回溯」的賽局。只是上次的賽局只有啟一和勇太兩個人，而這次是南方書店、港戶補習班和開動了餐廳三家店的賽局。但是，不管賽局裡有幾個人，思考的模式都一樣。

這次我也利用啟一畫的樹狀圖，稍微改造一下後畫出這一張圖，讓大家能夠更加了解，三家店對各種結果的想法。

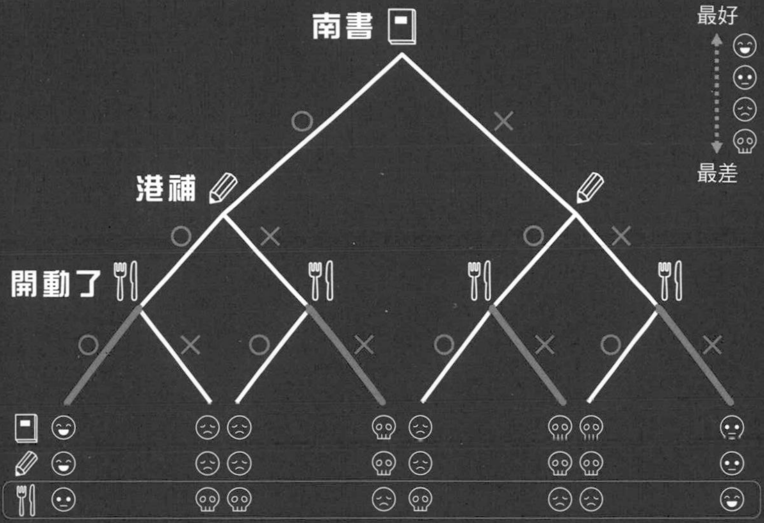

事不宜遲，我們趕快來預判未來吧，最「先」要考慮的是，開動了這一票的部分。這時候我們要站在開動了的立場，為了預測開動了會怎麼做，上圖中我們把開動了的心情圈起來，只要看這部分，對於開動了會怎麼做，便能一目了然。

嗯，跟啟一預測的一樣。接著，我們往前回溯來思考，換句話說，就是站在港補的立場，這邊的思考模式，就是下一頁的圖。

嗯嗯，這邊也跟啟一的預測相同。

再來，最後要思考的是，南書會怎麼

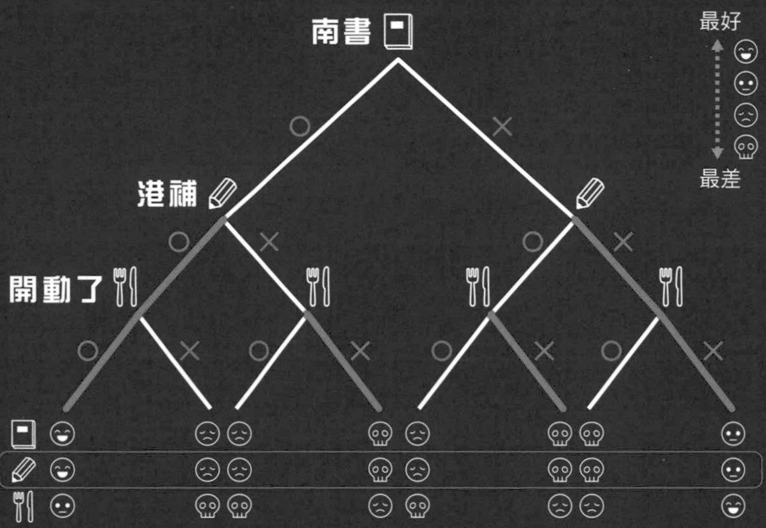

做，所以我們要再次往前回溯，這一次站在南書的立場，正如左頁的圖所示。

各位看出來了吧？這邊也跟啟一他們想的一樣。

所以說，因為啟一他們掌握住「站在對方的立場」的思考模式，最後才能順利做出正確的預測。

照著我的整理來思考，大家心裡可能會想：

「嗯？這堂課跟第二堂課的情況，有什麼不一樣嗎？」

為了思考其中的差異，我們試著假設一下，山田大樓總共有三十層樓。

如果每一層樓都租給一家店，他們依

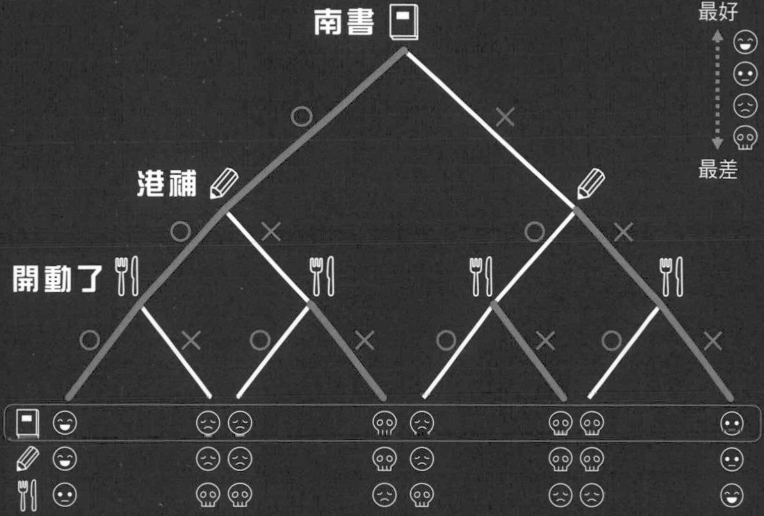

照少數服從多數的規則，來決定贊成或反對重新粉刷。傳閱板則是按照一樓、二樓這樣的順序往上傳。

那麼，結果會變成怎麼樣呢？

這邊我想讓各位自己好好思考，但是現在提出這個假設，重點是說明跟第二堂課有什麼不同。

什麼？三十層樓搞得你們頭昏眼花，今天的課上到這裡就好？

好啦好啦，這裡的分析就留到明天再講。

但是，接下來還是希望各位掌握住今天的重點，利用傳閱板來投票的話，我覺得三家店一定都會投贊成。但是，如果三家店看不到彼此的投票結果，而是只向房東山田先生表達意見的話，最後又會變成怎麼樣呢？有可能是啟一最初畫的那張表裡的「○、○、○」，如果三家店都各自認為「其他兩家店會贊成」，那自己也會表示贊成，所以最後可能就是「○、○、○」。但反過來說，或許也可能變成「×、×、×」這個結果，如果三家店各自認為「其他兩家店會反對」，那自己也就選擇反對比較好。

而且，也有可能因為「誤判」，導致有贊成也有反對。關於「誤判」，第一堂課已經說過了。

所以說，事情的先後順序非常重要。按照順序來表態，跟同時表達意見，會帶來不同的結果。

這也是為什麼啟一在班會時，不說「請大家舉手」或「請在紙上寫下贊成或反對」，而是按照順序讓同學表達意見，這原因大家明白了吧？不知道啟一這麼做，是不是能夠順利達成目的呢？

好吧，這件事先放到一邊。剛才提到「按照順序或是同時表達，會帶來不同的結果」，正好是我在分析勇太事件的時候，畫成樹狀圖的原因，這一點我現在說清楚。如果遇到按照順序來做決定的情況，就必須按照事情發生的順序，用一根一根線條畫出來才行，如果不用樹狀圖，會讓本來應該存在的變數消失。這就是必須使用樹狀圖的原因。

順帶一提，賽局理論的研究者給樹狀圖一個正式名稱，叫做「擴展形式」，相對的，在分析是否承認順手牽羊那堂課出現的表格，則叫做「正則形式」。不過這些名詞，你完

正則形式＆擴展形式

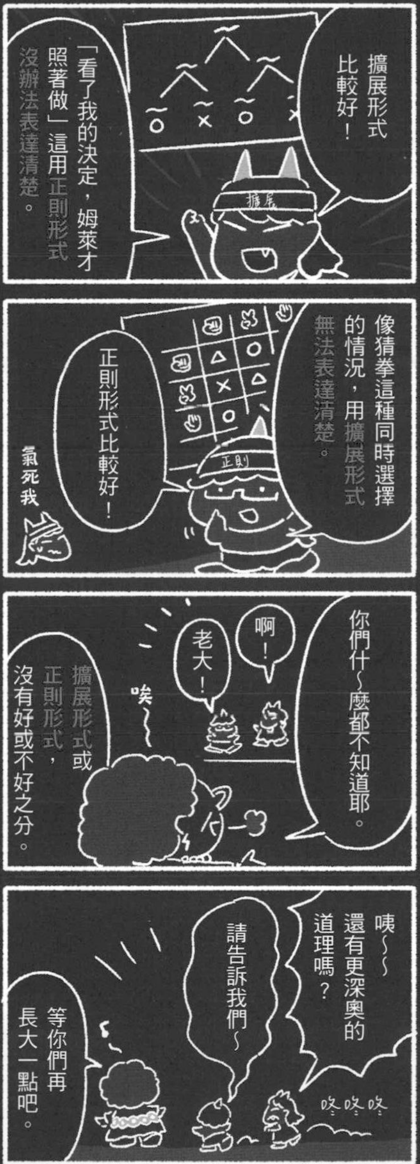

全不用去記，只是研究者都喜歡創造一些正式名稱而已。但是，給事物訂定名稱後，就會變得很方便，所以創造這些正式名稱也不是件壞事。

先不管這些正式名稱了，最後我還想說一件事。南書的熊野先生認為「看不到其他店會蓋哪一邊，自己卻要先蓋章，這很不公平」，然而實際上，最後得出的結論是「其他兩家店都聽從南書的意見」。

世上確實有這種乍看表面並不知道公不公平的情況，希望大家牢記在心，會有幫助的。民主主義還真是困難呢。

那麼，明天見嘍！

第4章 白色汽車

雷神的賽局理論教室　第四堂課 ➡ **戀愛如同轉輪盤**

「呃——我是絕對反對。我光是籃球社和校內美化委員會的節目就忙得不可開交，而且暑假還要參加港補的暑期班，沒什麼時間準備班上的節目。最主要還是，班級節目實在很麻煩。」

杏美堅定的說完，然後坐下。此時我感覺到後腦勺好像被重重敲了一下。

麻、麻煩？

後方傳來修在黑板畫上一道線的聲音，不是「正」字的第二道線，而是第一道。

我故作鎮定，頭也不回的繼續主持班會。

「呃……下一位，大山裕人同學。」

裕人站起身來的同時將椅子往後推，發出嘎嘎聲響。

「啊，我也是——反對，因為我也有其他節目要準備，還有暑假也要去港補。」

他一邊四處張望一邊說著，然後在坐下時，朝著我雙手合十做出「抱歉！」的姿勢。

身後又傳來修在黑板畫上一筆的聲音。

之後的同學也接二連三反對，我腦海中那棟三十層高樓正搖搖欲墜、嘎嘎作響。最終結果是一票贊成和二十九票反對。小學六年生活裡最後的二小祭，我們決定不舉辦班級節目。

耳邊傳來川本老師啜飲咖啡的聲音。

•
•
•

「裕人你怎麼這樣啦，之前一起回家的時候，你不是也說『希望我們班能舉辦節目』？結果今天變成只有我一個人贊成，丟臉死了！」

我和裕人一邊踢著在停車場找到的小石子，一邊走向通往社區的道路，一陣沉悶的風吹過柏油路面。

「所以我那時跟你說『抱歉』了啊，杏美都那麼明確反對了，我覺得之後的同學應該也都會投反對。」

「呿，這什麼話。要是當時裕人你投贊成的話，局面就會變成兩票贊成，一票反對，我覺得後面也都會是贊成票，這是人之常情啊。」

我並不是隨隨便便就把「人之常情」拿出來講。我腦海中那棟三十層的高樓又重新建構起來。

「嗯——是嗎？我倒是覺得大家沒那麼會配合其他人來表達意見。當然有些人可能是看到其他人都投反對，所以自己也跟著投反對，不過大多數的人，應該都是依照自己真正的想法投票。」

是嗎……討論山田大樓的時候，三家店的員工因為之前發生過爭執，所以三家店都想要「盡量避免不和睦」，因此當時我們也是基於這點來思考。然而，開班會的時候，班上同學並沒有發生爭執，所以也就不會想著「盡量避免不和睦」。從杏美直率的發言，能夠證明這番推論。

嗯？等等哦。

「真正的想法……大家不是都希望班上可以舉辦節目嗎？如果照真正的想法來投票，為什麼全部投反對票呢？」

「不……那是因為看到啟一你很想舉辦節目，大家不好意思潑冷水。其實班上舉不舉辦，我都無所謂，畢竟我也有社團跟委員會的節目要忙，或許當時有些受到杏美的影響，但我在班會上所說的話，是我真正的想法，其他同學應該也是這樣的。全班同學裡面，應該只有啟一你最想舉辦。」

呃，真的嗎？我一直堅定的認為，班上同學應該都想舉辦，原來打從一開始就是我一廂情願嗎？

我心中正在重建的三十層高樓，又再度變得搖搖欲墜。

看著裕人走進社區的入口後，我便轉身朝著南書走去。自從上週跟熊先生討論傳閱板的事情之後，接下來我和伸每天都會去南書報到。

這段期間，我了解到許多事。

首先，我發現伸是個有趣的傢伙，我們兩人應該可以算是頻率相近，雖然才剛認識不久，但感覺相處不用拘束。對於他的稱呼，剛開始從「你」改成叫名字「伸」的時候還有點不習慣，但現在已經很自然的直接叫「伸」了。

還有，雖然我是因為順手牽羊事件才遇到伸的，但他的本性並不壞。不對，順手牽羊的確是一件很糟糕的事情，但伸的性格沒有什麼扭曲的地方，在學校好像也不是問題學生。現在回想起來，我實在搞不懂那天伸為什麼要偷書，當然，不能因為他是個好人，偷東西就無所謂，這世間沒那麼寬容。我想或許跟勇太一樣，伸的心裡也有外表看不出來的陰暗面。

不過事實上，我和熊先生回想起那天發生的事情時，都不禁懷疑「伸會不會並不是真的想順手牽羊」？如今，事情真相有點成謎了。我和熊先生聊過，「其實那天伸並不是想偷書，只是覺得把書掃進袋子裡很好玩。但是因為突然聽到有人大聲叫喊又追了上來，才會嚇一跳轉身逃跑」，這是我們做出的結論。我也直接去問過伸關於我們的結論，但是他卻說：

「不，當時就是一時衝動。」

我和熊先生都歪頭覺得困惑。

另外，我還發現熊先生是個遲鈍的人。不對，嗯，應該是說一開始就隱約感覺到這點了。他推著推車時，往往把一旁的書堆撞得散落一地；或是結帳的時候，搞不懂收銀機的操作方式，經常向南方太太求助。若要說可取之處，可能就是他看起來像熊一樣的平靜穩重。

回到正題，最近我和伸都覺得，熊先生的樣子變得很奇怪。有時候我們三個人在聊天，他會突然像是進入夢中一樣，表情變得呆滯起來。雖然說他本來就看起來呆呆的，但是最近好像愈來愈迷糊。

今天我們三個人在收銀檯聊起昨天藍色之星的比賽，熊先生又開始發起呆來。

「喂——熊先生！」

伸在熊先生的眼前揮了揮手，過一陣子，他才回應：

「啊啊，不好意思不好意思，怎樣怎樣？」

「真是的，你在想什麼啊？最近太常發呆了吧，熊先生。」

「唔——」

只見熊先生口中念念有詞假裝沉思，神情又開始恍惚。我和伸四目相接，伸半舉著雙手聳聳肩，做出像美國人在說「不知道～」時的姿勢。

「熊先生！」

我提高音量對他說：

「你到底是怎麼了？藍色之星贏球了，你怎麼好像一點都不開心的樣子！」

「哦，抱歉抱歉。」

熊先生抓了抓頭說道。

然後，伸又說：

「怎麼啦，是不是戀愛了？」

只見熊先生身體微微一震。

「咦？難道是真的嗎？熊先生。」

我驚訝的問。

「哦，被我說中了嗎？」

隨口問問的伸也嚇了一跳。

「要是你不介意的話，可以跟我們聊聊哦！雖然年紀比你小，但是對於戀愛這件事，我們可是專家呢！」

伸一邊說，一邊將手臂搭上我的肩。而我也跟著說：

「呃……專家？啊，對！沒錯，我們兩個人是專家，戀愛專家！」

「咦？真的嗎？」

熊先生猶豫的說著。

「喂，你這樣真的沒問題嗎？」

我小聲的問伸，他回答：

「沒事沒事，再怎麼說，我們也比熊先生還懂吧？」

這傢伙真會見風轉舵耶，我們根本就不是什麼戀愛專家，而且年紀也比熊先生小，還不只是**小一點點**而已。

伸模仿起記者採訪的樣子，假裝手上拿著麥克風，指向熊先生問道：

「請問，對方是誰？是哪裡人？你們約會了嗎？」

「啊、其實……我們還沒有約會過……」

「什麼？這樣不行啦，那你知道對方的聯絡方式吧？」

「不、聯絡方式也……」

「這也不知道？那麼你對那個人了解多少？」

「這個，其實，就只是見過幾次面……」

我和伸又再度對看了一眼。然後看到熊先生的表情，好像快要哭出來似的，逗得我們兩人大笑起來。

「不是不是，熊先生，你這樣根本都還沒開始呢，現在連小學生也不會說這叫戀愛啊！」

伸這麼說，我也同意他的說法，但還是姑且問道：

「聽你剛才說，只是見過那個人嗎？但對方是誰，你完全不知道嗎？」

「也不是，我其實稍微知道一點。她好像是港補某位女學生的姊姊，雖然說是姊姊，但她們年紀好像差很多，看起來至少差十歲，妹妹好像跟你們年紀差不多。有時候，好像是妹妹補習結束後，她們會約在書店這裡碰面，再一起回家。姊姊好像是特意來接妹妹的，嗯……真是個溫柔的姊姊啊……」

熊先生又再次露出呆滯的表情，一旁的伸說著：

「原來如此……」

伸一副若有所思的模樣，然後突然靈光一閃的告訴我們：

「也就是說，只要我們在港補下課的時候留在這裡，總有一天就會遇到了？」

「不是啊，就算你說的沒錯，但我們也不知道那個妹妹是幾年級……這樣要等到什麼時候啊？」

「又沒關係，反正我們放學後也是一直在這裡啊，總有一天會等到的啦！」

伸邊說邊拍拍胸脯，好像以為我跟他一樣閒，這讓我有點不滿，但我放學後確實也沒什麼事要做。

「那麼，就從明天開始，放學後到這裡集合。我們一定要讓熊先生的戀情修成正果！加油加油加油！」

伸高舉拳頭說著，看起來裝模作樣的。這傢伙，與其說是想幫熊先生，更像是愛看熱鬧順便敲邊鼓而已。

我一臉沒好氣的望著伸，這時書店入口的自動門發出開門聲，我朝門口看去，原來是杏美。她看了我一眼，卻沒有出聲打招呼，自顧自的在店裡逛了起來。

雖然在學校我會和班上的女同學講話，但是在外面遇到時，卻不太會打招呼。這次伸和熊先生也在，所以我們都裝做彼此不認識的樣子。

「喂喂喂，那是二小的女同學吧？長得滿可愛的吧？」

伸小聲說道。

「你很煩耶——那傢伙只是個可怕的女生啦。」

我這麼說一部分是想掩飾尷尬，一部分也是對於她在班會上的發言還感到生氣。回頭看向熊先生，他還是一臉呆滯，就先不管他了。

杏美在店裡逛了一會後，停留在學科參考書的地方，好像在看國中的數學參考書。港補似乎有國中先修課程，包含英文文法和數學等科目。我不知道提早學習這些課程，到底有沒有意義，但每次看港補的學生聊起補習班，好像都樂在其中的樣子。

就在我想著這些事情時，又傳來自動門打開的聲音。

「哦哦，這次來了一個更漂亮的美女！」

伸又小聲的對我說，我往門口的方向望去。啊，那不是杏美的姊姊，泉美嗎？泉美姊確實是個美女，她現在是大學生，好像還在大學小姐什麼的選美比賽裡得過冠軍，杏美經常在我們面前炫耀這件事。

「得獎的人又不是你。」

每次都有男生這樣挖苦她。

「但是，選美比賽的冠軍，不是長得好看就可以，還要有一顆善良的心。這一點，我也跟姊姊很像哦。」

每次聽她這樣宣稱，我都很受不了，什麼叫做「這一點也很像」。

那位美女走到了杏美身邊。

「抱歉，等很久了嗎？」

「姊姊你到了啊，我才剛下課。」

看著兩人間的對話，伸又喃喃自語：

「哎呀，真是一對美女姊妹花啊。」

「什麼？我承認姊姊確實是個美女，但妹妹就只是普通的人類而已。」

可能因為我一時脫口而出，只是普通的人類這種說法，感覺有點怪。

「但是，她們姊妹倆年紀好像差很多，大概差了有十歲吧？」

伸這麼說。差十歲……聽到這句話，我頓時一驚，腦海中掠過一絲不祥的預感。我和伸四目相接，他好像也想著同樣的事情，於是我們兩人小心翼翼的回頭看向熊先生……

果不其然，他整個人完全是呆若木雞的狀態。

「那我們走吧。」

聽到這陣聲音時，杏美和泉美姊正朝著門口走去。臨走前泉美姊回頭看了一眼，我覺得是看向我們這邊，隨後自動門關上，店內頓時安靜了下來。

「走掉了。她們好香哦。」

「你白痴啊，別這樣。她們剛才的位置和我們距離很遠，根本聞不到好嗎。先別說這些，看看熊先生……」

「喂——！熊先生——！快回來啊——！」

伸搖了搖熊先生的肩膀。

「啊、啊。抱歉抱歉，哎呀呀。」

「不，熊先生，你說的就是那個人吧？那個人有點……該怎麼說呢……是過於崇高嗎？」

我盡量小心避免講得太失禮，但也只能想到這樣的說法。相對於我的小心謹慎，伸就不一樣了。

「對啊對啊，熊先生，你應該先了解自己的等級比較好哦。」

竟然這麼說。

「喂，你講得太超過了啦。」

我出聲譴責，但一旁的熊先生仍舊是沉浸在夢中。

「嗯——呵呵呵……」

這樣下去不行。

「熊先生，你打算怎麼做？接下來你也是像這樣，只是站在收銀檯，呆呆的凝視對方嗎？」

我逼問熊先生。只見他突然露出認真的表情。

「不，我也知道不能一直這樣，所以我熊野權五郎，打算向她求婚。」

「咦？求婚？會不會太快了啊？首先，應該先把你的心意傳達給對方，不對，應該先從自我介紹開始吧。」

「話說回來，原來熊先生你的名字叫權五郎啊，光聽名字是很有男子氣慨又帥氣啦。」

當我話說完，伸又接著裝模作樣的說道：

「不對，名字哪有什麼男生女生的分別，熊先生名叫權五郎，就是這麼單純的一件事而已。」

他說的話讓我有點在意，但我還是繼續往下說：

「就算你說要去跟那個人搭話，那有多少勝算呢？」

「你說的對啊，啟一同學，我是個害羞的人，你知道嗎？要是對方根本不理我，不把我當一回事，我就沒勇氣開口交談了……」

「喂喂喂，怎麼啦？你剛才的氣勢跑到哪裡去啦？」

伸揶揄他。

「但，啟一，你剛才講得好像熊先生一點勝算都沒有，這樣會不會太失禮啦？說不定會發生意想不到的好結果哦。不是有句話說『青菜蘿蔔，各有所好』嗎？」

「不是，你這樣講不也對熊先生很失禮嗎？不過你說的也沒錯，或許泉美姊就是喜歡熊先生這種類型的男生。」

再看向熊先生，他又露出快哭出來的表情。

「你們兩個人，能不能再幫我一次呢？」

他用幾乎聽不見的聲音說著。這種情況下，讓人分不清到底誰才是大人。伸則是一臉無可奈何的說：

「真拿你沒辦法，你想知道那個姊姊的想法嗎？嗯——好吧，就交給我，這小事一樁！」

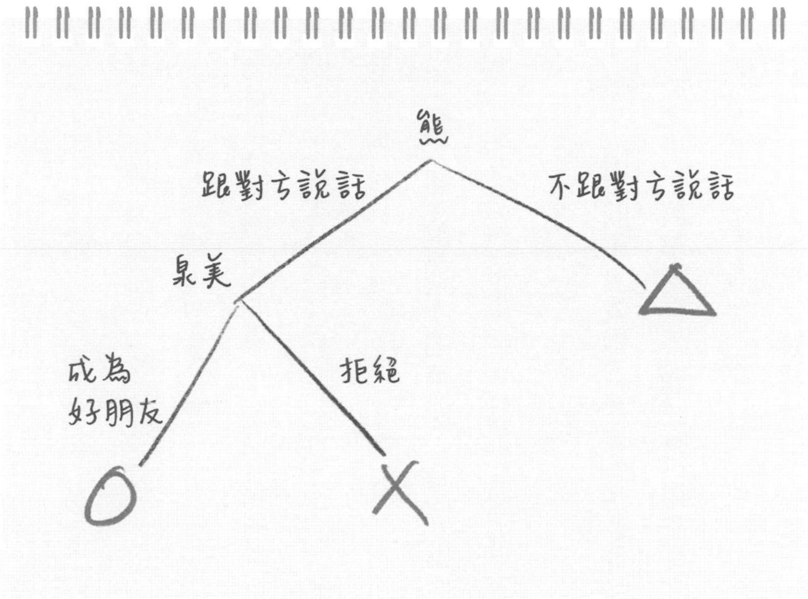

小事一樁？這傢伙懂什麼啊，真是的，剛才也是裝模作樣的說我們是專家。不過，我是真的能知道泉美姊的想法，畢竟我可以找雷神。

但，或許這次也跟之前一樣，只要仔細思考就會知道也不一定，到底泉美姊會怎麼做呢……

• • •

回到家裡之後，我坐在書桌前，打開筆記本。

先整理現在的狀況吧。

最好的結果是，跟對方說話，

並且成為好朋友，這是〇。熊先生說過「要是對方根本不理我，不把我當一回事，我就沒勇氣開口交談了」，所以最糟的結果就是，跟對方講話而被拒絕，這裡要畫×。剩下就是「不跟對方說話」，結果是△。

我雙眼直盯著筆記本。嗯——這張圖好像之前也看過，應該是勇太那件事的時候，當時我把勇太的心情當成大富翁的輪盤來思考，這樣實在不好。其實只要站在勇太的立場來思考，自然就能了解勇太會怎麼做。然後再依據對方的想法，就能決定自己該怎麼做。

那麼，回來看這次的情況，這次的對象是泉美姊。泉美姊有兩個選擇，分別是「成為好朋友」跟「拒絕」。好的，試著站在泉美姊的立場，想想泉美姊的心情。

嗯？話說回來，我根本沒有參考依據能分析泉美姊的心情啊。當然，她可能是幾乎沒把熊先生放在眼裡，但有時候還是會有意料之外的情況。我們這次的任務，就是確認這個極小的可能性。

嗯——再怎麼樣都無法了解。因為不知道泉美姊的心情，自然也就不知道熊先生該怎麼做比較好。

這個時候，該使用神種了嗎？上次運用傳閱板決定是否重新粉刷時，我也想過，既然與雷神相遇的契機是南書，所以把神種用在幫助熊先生確實合情合理。但那時的問題只要審慎思考就能得出結論，所以最後沒使用神種；這次則是再怎麼想，也不會有答案。

這一次，就為了熊先生使用神種吧。

儘管心裡這麼想，但我發現，只是想著要「使用神種」，也依然什麼事都不會發生，還是必須等待雷神降臨才行。

我望向房間的壁櫥，也就是上次雷神出現的地方。

那裡沒有任何異狀。

「雷神——你在嗎？」

我小聲的叫喚，什麼也沒發生。

我走向壁櫥，打開一小條縫隙。

裡面也是沒有任何變化。

怎麼會這樣？到目前為止，雷神在我有需要的時候都會出現啊。

我回到書桌前。

嘆了一口氣後，我抬頭望向天花板。

突然間，我聞到一股味道，好像是從廚房傳過來的。奇怪，是媽媽嗎？她不是說今天會比較晚回家嗎？

我打開房間的門，嚇得魂差點飛了。

我的房門正對著家裡的餐桌，而雷神就坐在那裡！

雷神氣定神閒的喝著咖啡，剛才聞到的，就是咖啡的氣味，她那一身華麗的打

扮，和我家的餐桌十分不協調。雷神放下咖啡杯，手腕上數不清的佛珠敲在桌面，發出叮叮噹噹的聲音。

「咖啡真是好東西呀……啊、登——登登！」

雷神又自己發出那陣不自然的登場音效。

「啊，雷神，原來你會用這種方式登場啊。」

「嗯，因為粉紅色的煙霧用完了啊。平常那樣熱鬧的登場，其實很花錢的唷。」

「咦——原來神明也要付錢啊。」

「那是當然的嘍。我是神明，並不代表可以隨心所欲做任何事哦。」

不是啊，隨便跑進別人家裡喝咖啡，這樣就可以嗎？雖然心裡這麼想，但我還是把到嘴邊的話給吞了回去。

「對了對了，我有件很煩惱的事。」

「嗯，是羽田泉美的事吧？」

「哦，不愧是雷神，不用說就知道！那事不宜遲，可以讓我吃神種嗎？」

雷神舉起咖啡杯，手腕上的佛珠發出叮叮噹噹的聲音。

「好好，我知道。你的份已經是第三顆，也就是最後一顆神種嘍。」

「是的，我知道。沒關係，為了熊先生，我想使用這顆神種。」

說完，我便從雷神拿出來的那個像「勝森」豬排店的醬汁容器中，取出一顆神種。

「那麼，你就開始許願吧。」

雷神一臉享受的啜飲咖啡，一邊說。接著我大聲的說：

「羽田泉美小姐，我們班上羽田杏美的姊姊，我想知道她對熊先生的想法。」

說完我把神種放入口中，當我要咬下的時候，想著這是第三顆，也就是最後的神種，吃完後就要和這神奇的種子說再見……也就是說，我再也見不到雷神了嗎？也不會再被她敲頭了嗎？話說回來，今天好像沒被敲頭耶……以上種種念頭在我腦海中閃現了大約〇．三秒，而下一刻，

喀拉蚩。

我咬破神種，與此同時，我發現自己像條魚似的在海中游來游去。跟著藍色、紅色以及粉色的魚群一起，自由自在的上上下下、來回梭巡。

過了一陣子，我突然發現自己到了一個能夠眺望大海的碼頭邊，此時的天色正從傍晚完全轉變成夜晚。

碼頭上停了一輛白色汽車，一旁站著一對男女。男子身形修長，年齡大約三十歲，女子穿著一件連身裙，啊、那不是泉美姊嗎？

這對俊男美女凝望著輕輕搖曳的海面，海岸對面摩天輪的光影，映照在波光粼粼的水面上。

男子開口說：

「泉美小姐，請和我結婚吧。」

那輛白色汽車是泉美姊的還是那個男子的呢？高樓大廈的璀璨燈火，灑落在車窗上，宛如祝福這對男女的禮物。而汽車另一側的海上，有一名少年乘著船筏，緩緩滑向大海。

……嗯？船筏？少年？

我定睛細看，心想他是哪裡來的湯姆．索亞*。燦爛燈火和俊男美女勾勒出一幕如夢似幻的美麗景致，原始的船筏與這般景色格格不入，而上面乘坐的少年竟然是伸。這位伸．索亞一邊揮手，大喊著：

「泉、美、姊——」

他的叫喚聲劃破寂靜，但似乎沒有傳倒俊男美女的耳中。

「喂——」

我向伸揮了揮手，伸也轉向我：

「喂——」

他揮著手並且大叫。

我和伸目光相交，確認了彼此的存在。就在這時，天空中的人造光線——有紅色、藍色、黃色——聚集在我們之間，眼前變成明亮的白色，強烈的光線讓我忍不住瞇起雙眼。

回過神來，我只能目送俊男美女駕著白色汽車遠去。

船筏也消失了，只剩下我一個人獨自留在碼頭邊，此時摩天輪被籠罩在粉紅色的燈光之中。

＊譯註：《湯姆歷險記》的男主角。

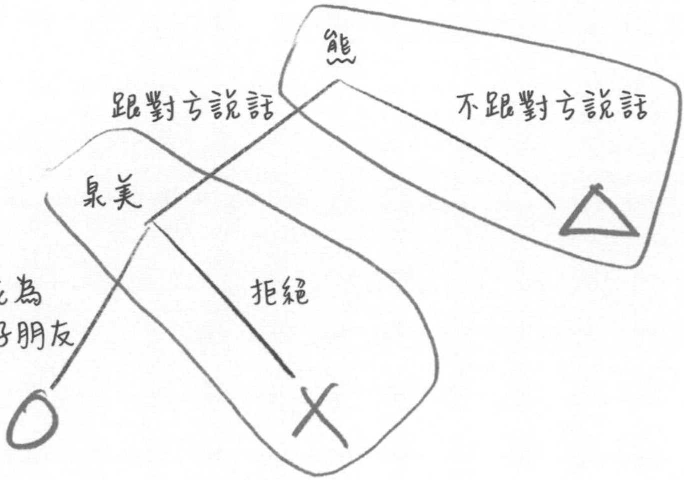

我坐在餐桌旁的椅子上，就是剛才雷神坐的那張椅子。桌上已不見咖啡杯的蹤影，取而代之的是一本攤開的筆記本。

少了雷神叮噹響的佛珠，家裡變得好安靜。我嘆了口氣，用紅筆把「拒絕」圈起來，之後又把「不跟對方說話」圈起來。

「熊先生……」

結論是「不要跟對方說話比較好」，我該提出這個建議嗎？甚至連個機會都無法給熊先生。

一想到跟笨拙的熊先生完全相反的，碼頭邊那閃閃發光的景色，我腦海中就湧上一股懊悔的情緒，咕嘟咕嘟的翻滾沸騰著。景色愈是美麗，我的懊悔感就愈發濃烈。

我躺在床鋪上。在懊悔的情緒之中，還有一件事情讓我在意。是的，就是伸。為什麼伸也會出現在那裡呢？當然，吃了神種去到某處遇見伸，並不是什麼奇怪的事，就像我上次去伸的房間也看見過他，但那個時候他並沒有察覺到我的存在。

不過這一次，伸和我都朝對方揮手，我們兩人互相確認了對方的存在。難道說，吃了神種之後去到某處，並不是所有人都看不見我嗎？為什麼伸能看到我？那傢伙還乘著船筏……

伸……這麼說來，那傢伙今天說的話，也讓我有點在意。

「名字哪有什麼男生女生的分別，熊先生名叫權五郎，就是這麼單純的一件事而已。」

聽到他這麼說，我有股微妙的感覺，但當下並沒有馬上想起來，其實雷神也跟我說過幾乎一模一樣的話。當時我說「雷神這個名字聽起來好像男生」，雷神反駁了我。

回想起來，那傢伙也不是第一次說出「一模一樣的話」。

「如果是玩遊戲的話，出現〇或✕都是靠運氣，看輪盤轉到哪一邊；現在我們面對的是現實人生，〇或✕都不是看輪盤的結果，而是港補和開動了自己做決定。」

這是我和他還有熊先生三人，在討論傳閱板公告重新粉刷事宜時，他說過的話。

而且當天那傢伙出現的時候，似乎喊著「登——登登」……

這些間接證據讓我想像各種可能性，雖然想法令人十分訝異，但是大致也都說得過去，最後得出了一個推論，我確切感受到了真實性。

我想起伸曾經說過的話。

「真拿你沒辦法，你想知道那個姊姊的想法嗎？嗯——好吧，就交給我，這小事一樁！」

後來，他就出現在船筏上，看著泉美姊……

• • •

隔天，是一個風有點大的日子，天氣預報說傍晚好像會下雨。我有點晚才到南書，雖然我說有點「晚」，但其實我們並沒有約定每天幾點到南書。

不管怎樣，我不知道遇到仲的時候要說什麼。那傢伙看到我又會說什麼呢？但是，也有可能都是我搞錯了，吃卜神種後看到的一切，全都只是自己在作夢也不一定。

剛走進南書的大門，我就聽到收銀檯那邊傳來笑聲。

「什麼呀——你早點跟我們說嘛——」

是仲的聲音，他聽起來好像很開心。

走到收銀檯之後，眼前出現一幅奇妙的光景。跟熊先生還有仲在一起的人，不正是杏美還有泉美姊嗎？

「咦？這是怎麼回事？」
我直率的發問。
「你來啦，啟一。事情告一段落了。我今天趕著來這裡，本來想告訴熊先生『你還是放棄吧』。沒想到，剛好碰到美女姊妹花也在店裡。」
「討厭啦，伸同學，說人家是美女什麼的……」
杏美嗲聲嗲氣的說。
「不是在說你吧。」
我插嘴回應。
「你別吵啦，伸同學剛才明明就說美女**姊妹花**，姊、妹、花！」

「好啦，總之，我來之後看到泉美姊頻頻偷瞄收銀檯，而且好像很害羞的樣子。所以我就忍不住全部都跟她說了。」

「跟她說？說什麼？」

「我跟她說，請不要再讓熊先生感到迷惑了，熊先生一定會找到適合的另一半。結果，你知道後來怎麼了嗎？」

「你不說我哪知道。」

「泉美姊說了『那個人……叫做熊先生啊？那個……我從之前就很在意他』這樣的話！」

不知道到底像不像，但是伸在轉述時，刻意模仿泉美姊的語氣。

「後來泉美姊就跑去找熊先生，對他說出『如果可以的話，從朋友開始做起也好，希望能跟你進一步交往！』我整個人嚇呆。」

後來聽杏美說才知道，有一次泉美姊順路來南書逛逛的時候，就對熊先生一見鍾情了。之後就用接杏美下課為藉口，經常跑來南書，但每次都不敢跟熊先生講話，只在遠處偷看。

「唉呀～我真是服了。」

熊先生笑咪咪的搔著後腦勺。雖然在我看來，他只是一個笨拙的大叔，但似乎有人就喜歡他這模樣。

「而且啊，泉美姊說自己二十二歲時，熊先生說『那我們差了五歲呢』。熊先生竟然只有二十七歲，你相信嗎？」

什麼？這麼一來，熊先生就不能算是大叔，而是大哥了。這究竟是怎麼一回事，這世上竟有像個大叔一樣，而且笨拙的二十七歲的人。另一方面，也有那種修長的年輕人……

我想起在碼頭看到的那名男子。昨天心裡那股懊悔的想法煙消雲散，我突然覺得那名男子很可憐。碼頭邊的美景，更加深我心裡的同情。

「啊！」

「幹嘛啊？啟一，突然這麼大聲。」

「不是，那、那個人，該怎麼說呢？那個人就是……泉美姊，你不是要跟他結婚嗎？」

「咦？結婚？」

泉美姊露出不可思議的表情看著我。

「對對對，我也很在意這件事。」

「也？」

我和伸對望了一眼，但泉美姊馬上笑了起來。

「啊、啊，說起來，昨天是有一個人向我求婚。」

「咦？真的嗎？姊姊。」

杏美吃了一驚，一旁的熊先生又露出快哭出來的表情。

「哈哈，是的，這種事情經常發生。但是，我很快就拒絕了，因為那種裝模作樣自以為是的人，我不是很喜歡。」

熊先生這才鬆了一口氣。

「原來如此，不愧是姊姊，做妹妹的我為你感到驕傲。」

「為什麼拒絕求婚是值得驕傲的事情呢？而且，做為妹妹，這事跟你一點關係也沒有吧？」

不管怎樣，反正我立刻吐槽杏美。然後伸說：

「啊！糟糕，我今天必須早點回家才行，大家再見！杏美同學，改天見！」

話一說完，伸就急忙轉身跑走了。

「再見～」

杏美仍舊裝出撒嬌的語氣說道。

「你幹嘛裝這種聲音啦，很噁心耶。」

我很誇張的對她表示不滿，一邊想起雷神。

即使我吃下了神種，最終卻對事情一點幫助也沒有。當然也是因為我昨天並沒有看到泉美姊後來怎麼回應。都怪伸跑出來分散了我的注意力，我才會沒聽到泉美姊的回答。

但重點是，我並不能看到泉美姊**心裡的想法**，只能看到她當時在正在**做什麼**而已。

說起來，每次都是這樣，神種只帶我去看對方在做什麼事，卻不能讓我直接看到

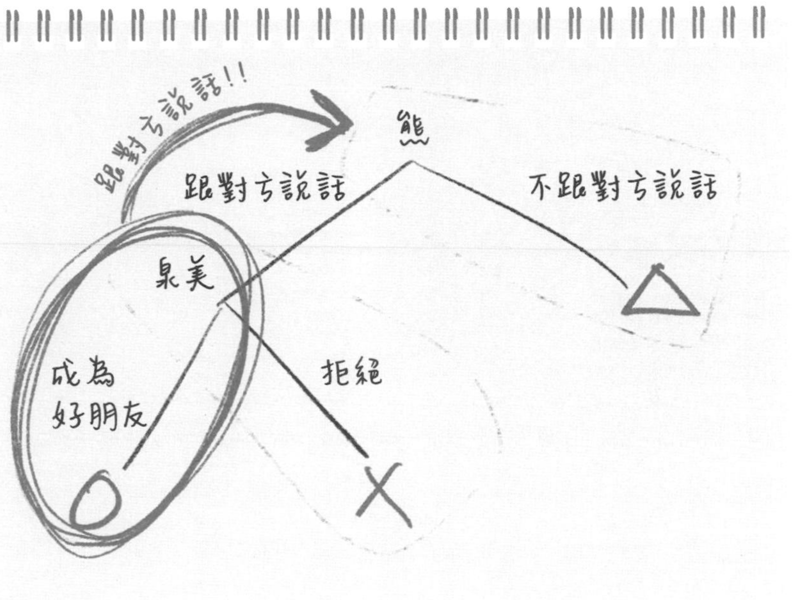

對方心裡的想法。

不管怎麼說，人的內心，真的是猜不透呀。

我在心裡將筆記本上「拒絕」的圈圈擦掉，圈起「成為好朋友」。然後我翻到勇太那一頁，相互比較兩頁的差異。

「人的內心，有時候能理解，有時候又不能理解啊。」

我喃喃自語，抬頭看著天空。

雷神的賽局理論教室

第四堂課

戀愛如同轉輪盤

嗯——咖啡真是好喝呀。

這次有很多事情讓啟一感到驚訝。

首先是班會的投票，啟一以為和山田大樓那次一樣，班上所有同學都會投贊成。但是，討論山田大樓重新粉刷時，最後的結論具備一項重要的因素，就是「三家店都希望盡量避免不和睦」。正因為有這項「討論基礎」，最後才會得出「所有店家贊成」的結論，而這個「討論基礎」就稱為「假設」。

但是開班會的時候，這個假設並不成立，因為班上並沒有人認為，老實說出自己的想法，會造成班級分裂或感情變差。因為討論基礎不成立，在這個情況下，即使經過再多的討論，結論也會完全不同。看實際的結果，全班只有啟一自己一個人投贊成。

還有一點啟一也判斷錯誤，就是他擅自認為「全班同學都想舉辦班級節目」。

在推測他人行動時，必須站在對方的立場來思考才行，若是擅自認定對方的感受，最後一定無法順利推測出他人的行動。

假設

必須要幫老大準備一場驚喜派對。
生日快到了！
HAPPY BIRTHDAY
要是告訴姆萊，他一定會說溜嘴，所以我還是自己偷偷準備吧。
假設
姆萊不想工作
發呆
計畫
給他新出的遊戲片
玩得入迷而無暇分心
趁這段時間準備
就這麼辦！
姆萊～這是新一代的雷神快打哦～
你看～
烏萊！你說這什麼話！不認真工作不行啊！
啊！
假設
愣
登
認真工作嘍
為什麼姆萊今天偏偏這麼認真工作。

那麼，如果再怎麼想，也無法得知他人感受時，該怎麼辦呢？啟一這次面臨的賽局正是這個情況，沒錯，就是熊野老弟的戀愛問題賽局。

羽田泉美的心意，再怎麼想也無法知曉。當然，或許你可以推測，她心裡有百分之幾的機率是怎麼想的。然而，最終結果到底是怎樣，誰也不知道。遇到這種局面，該怎麼做才好呢？

啟一他這次一樣又利用畫圖來分析，我們也跟著畫看看吧（「擴展形式」的那種圖哦！），然後，順便把勇太的那張圖一起放上來比較。

和勇太撕考卷的情況不同，勇太會採取什麼行動，只要站在他的立場來想就能推測得出來，但泉美的情況不一樣，到底她會採取什麼行動，如果不知道她真正的心意，即使想要站在她的立場，也無從得知。因為我們不知道，泉美究竟喜歡什麼樣的男性。順帶一提，「喜歡什麼樣的男性」這個因素，用賽局理論的術語來說，就叫「類型（Type）」。平常我們在聊天時，可能會說到類似「熊野先生是我的菜」這種話，這裡的「菜」也是指類型，但是跟賽局理論的類型又有點不同。似乎有點複雜了。

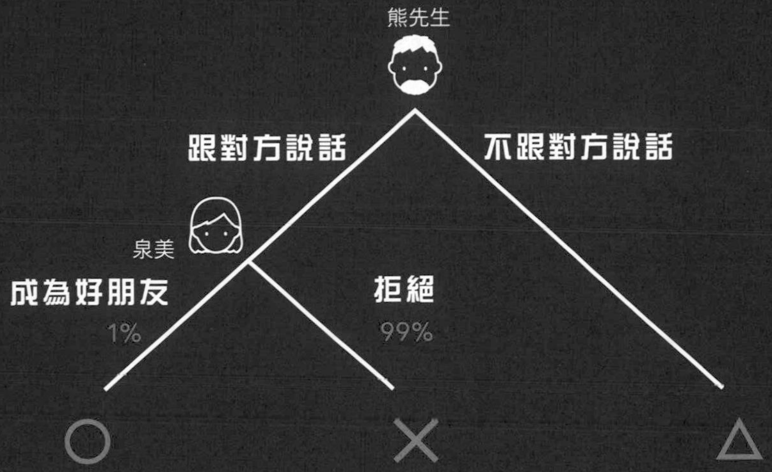
熊先生
跟對方說話
不跟對方說話
泉美
成為好朋友
1%
拒絕
99%

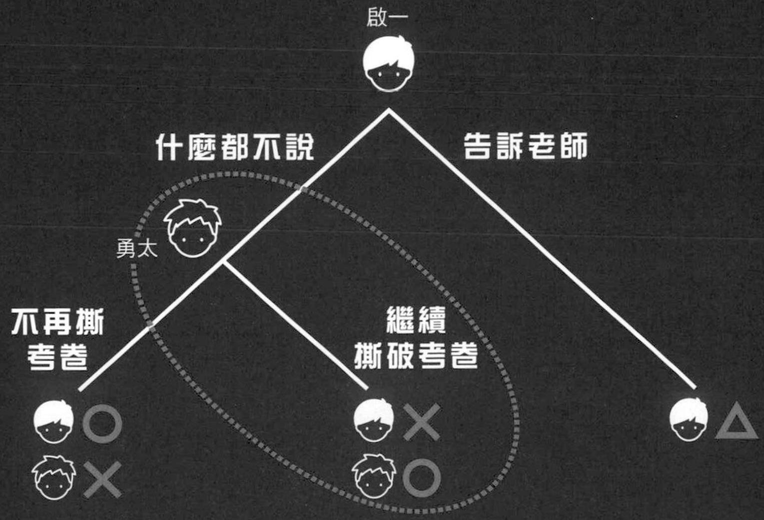
啟一
什麼都不說
告訴老師
勇太
不再撕
考卷
繼續
撕破考卷

類型

繼續分析這種情況，簡單來說，當我們預測一場賽局裡會發生什麼事情時，如果遇到不知道會發生什麼樣的情況，那這時候我們就想成利用「輪盤」來選擇結果就好。輪盤這種東西，會不會出現期待的結果，完全是機率問題。這次的故事裡，多數人都不認為泉美會選擇「成為好朋友」，因此可以當成輪盤上出現好結果的機率只有百分之一。熊野老弟只要依據這樣的機率，去選擇「跟對方說話」或「不跟對方說話」就好。

至少賽局理論的研究者，都是用這樣的邏輯在思考，而這樣的思考模式，才能繼續推論賽局下去。而隨著事情的推演，我們也才能分析出熊野老弟應該採取什麼樣的行動。

相反的，如果拘泥於「不知道會發生什麼」這一點，那就真的什麼結論都無法得知，也無法給熊野老弟合適的建議。

當輪盤出現好結果的機率只有百分之一，是否賭上一把，必須由熊野老弟自己評估。賭上一把是否會比較好，取決於出現好結果，也就是與泉美成為好朋友時，對他將是多麼喜悅的一件事，而遭受拒絕時，他的內心又將是多麼悲傷。

當然，以上所說是在沒有神種的情況下，只要有了神種，就能明確看見，這機率百分之一的結果可否實現。不過，這次啟一好像錯失良機，沒有看到泉美真正的心意為何。

順帶一提，這個是一件相當重要的事情。「這個」指的是直接看見他人的想法，和透過行動來推測想法，是截然不同的兩件事。能夠直接看見他人想法當然最好，但多數情況很難做到這一點，所以必須依據他人的行動來推測他的想法，或是審慎分析對方是什麼樣的人（什麼「類型」）。這樣的情況，在生活中經常會遇到，經過深思熟慮後，就能預測出

「他人下一步會做什麼」。

例如，某家店的員工想要知道客人願意花費多少錢購買新商品，當然也可以直接問客人，但是客人都想省錢，因此極可能會說「我不想花太多錢」。這就是直接問對方想法，基本上可能行不通的例子。

但如果這個時候，先調查這位客人至今花了多少錢，購買了什麼樣的商品（前提是能夠取得調查的資料），就能推測出這位客人對於某項商品的喜愛程度，那麼或許就能預測出，客人願意為新商品付出多少錢。這就是「依據對方的行動推測想法，進而預測下一步行動」的例子。

總結一下。

首先，一場賽局中正確的判斷，到了另一場賽局中並不一定正確。因為某一場賽局中成立的假設，放在另一場賽局可能就不成立。「避免不和睦」這個假設，在重新粉刷的事件裡是正確的假設，但無法套用在舉辦班級節目的表決中。

再者，永遠都不能擅自評斷他人的想法，因為這並不是站在他人的立場思考。啟一就是擅自認為「全班同學都想舉辦班級節目」。

另外，我們應該要區分出，思考後就能了解、以及再怎麼思考也無法了解的事情。勇太的下一步行動，和開動了投贊成或反對，這種事情經過思考以後就能了解，但是泉美的心意，則是怎麼思考都無從得知。

最後，知道他人想法，和透過行動來推測想法，是不同的兩件事。使用神種能夠看見他人的行動，但是無法得知人們心中的想法，因此必須由行動來推測想法。

好了，這次的課程內容十分充實。

那麼，我們待會見！

第5章

藍色折疊傘

雷神的賽局理論教室　第五堂課 ➡ **善用承諾！**

「人的內心，有時候能理解，有時候又不能理解啊。」

我自言自語，自以為帥氣的仰望天空，但眼前只見一片泛黃的白色天花板，我這才想到自己在南書。

「你怎麼啦？從剛才開始就一直嘀咕。」

杏美吐槽我。

「你才是，從剛才開始講話就嗲聲嗲氣的。」

這時一旁的熊先生大叫一聲：

「啊！」

他伸手指向收銀檯，上面擺著一個包裝精美，像是禮物的東西，應該是某個客人買的書。

「糟糕——伸同學今天需要這本書吧！」

「咦？這是伸買的嗎？」

仔細一看，那本書就擺在伸的那個醒目的紅藍條紋手提袋上面，那傢伙竟然連手提袋都忘了拿。

「嗯，今天好像是伸同學的妹妹生日。聽他說似乎是受到啟一同學影響，才決定買繪本當生日禮物，書名是《長頸鹿的藍色帆船》，你知道嗎？但不管怎麼說，他竟然會忘記帶走。」

《長頸鹿的藍色帆船》這本書，記得之前在幫弟弟選生日禮物時看過，封面是一位長頸鹿女孩，坐在一艘小帆船上眺望遠方。於是我回答：

「我知道，之前看過那本書。原來是這樣，所以那傢伙才會急著趕回家啊。」

話剛說著，我突然想起一件重要的事。

「糟糕，今天也是我弟弟生日，媽媽特地交代我要早點回家！」

說完，我正想和大家道別時，熊先生卻說：

「啊，等一下。這本書，你能不能拿去給伸同學？」

「咦？不，我今天一定要在五點前回到家，出門時媽媽特～別交代。真的，我必須馬上回家。而且，我既不知道伸住哪裡，也不知道怎麼跟他聯絡。那小子應該遲早會發現自己忘了帶走書，回來店裡拿吧？」

「不是，因為今天星期五，我們在五點前就會打烊，而且今天打烊後，我有事情必須馬上出門。」

這麼一說我才發現，剛才南方太太已經把擺在店門口的書架和旗子，都收進店裡面了。

「所以說，就算伸回來這裡，書店也已經關門了⋯⋯星期五書店會提早關門，伸應該也知道吧。」

「嗯，他應該知道，我也不知道伸同學的聯絡方式⋯⋯我想，有沒有可能，你在回去的途中會遇見他呢？」

「不是，你剛也看見他飛也似的跑回家了吧？絕對遇不到的啦，而且那小子住的地方，是在一小的學區吧。」

「話是這麼說沒錯，但把這本書放在這裡，就不可能回到伸同學手中，還是麻煩你帶走吧。」

經過一番討論，我有點不情願的把《長頸鹿的藍色帆船》塞進條紋手提袋，提著袋子離開南書。此時天色暗了下來，風勢也變得愈來愈強。

真是傷腦筋啊，我也希望能順利把書交給伸，要是有時間的話，我會去一小的學區晃一晃，碰碰運氣看能不能遇見伸，但今天我也有事，沒辦法那麼悠哉游哉在路上亂逛。

伸差不多也該發現自己忘記拿書了吧，如果是這樣的話，他會怎麼做呢？

這本書最後就擺在收銀檯，其他人很快會發現，熊先生知道他今天需要這本書，還有南書今天會提早關門，這些事情伸應該都了解。

這麼一來，或許他就想像得到，這本書被寄放在我這裡。

但是，要在哪裡把書交給他呢？我們兩人能相遇的地方……

我試著稍微思考，首先，相遇的地方不能離兩人的家太遠，從伸剛才急忙離開的時間來看，應該也是五點之前必須回到家。碰面的地點，希望是一個離我們兩人的家都不會太遠的地方，現在這個時間點，一小或二小，還有離一小比較遠的南書，都不是理想的地點。

雖然不知道伸住在哪裡，但應該是一小的學區內，所以在一小和二小的學區交界處相遇最為理想……

我腦海中浮現出鎮上的地圖。

學區交界處有中央公園、修車廠、佐藤運動用品店和西公園。

對了，西公園……

因為我們兩人都沒有手機，所以沒辦法打電話約地方碰面，因此，我和伸最有可能在雙方第一時間自然想到的地方相遇。

順著這一點思考，我和伸在西公園擁有特別的回憶，是的，順手牽羊事件當天，我和他逃走後跑到這裡，還有看到勇太撕破考卷，也是在西公園。

所以，如果我們兩人要碰面的話，應該是西公園最有可能。

那我是否應該現在就動身前往西公園呢？

如果去了那裡，絕對無法在五點前回到家。雖然會被媽媽罵，但如果伸真的去了西公園，這也算沒辦法中的辦法了，因為他特地幫妹妹買好禮物，要是不能在今天送出去，感覺有點可憐。但是那小子究竟會不會去西公園呢？

想到這裡，我覺得自己猜測的事情，發生機率非常低。

如果伸在回到家之前就發現自己忘了拿書，機率是多高呢？就算他發現了，那麼他同時也知道書在我手上，這個機率有多高呢？就算他也猜到這點，但是他又推測出我會到西公園，這樣的機率又有多高呢？

總覺得自己在考慮一些發生機率小到極點的事情，但現在光是用想的也解決不了問題。總之，我決定把相遇的地點設定在西公園，然後用筆記本整理現狀。

正當我準備從書包裡拿出筆記本時，啪答，一顆雨滴打在我臉上。

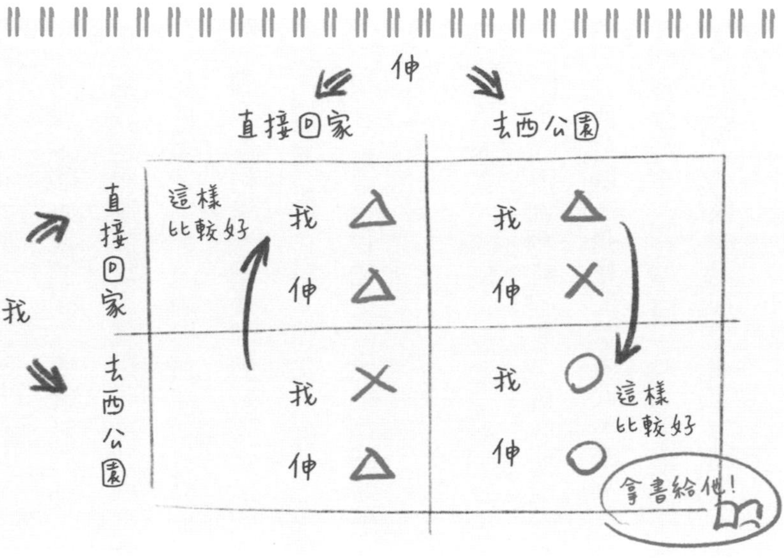

天氣預報準確無誤。

我打開書包，拿出筆記本和我的藍色折疊傘。

我加快腳步走著，一邊在筆記本上整理目前的情況。

對我和伸來說，最好的結果就是兩個人在西公園相遇。我如果沒有遵守回家的時間，會被媽媽罵，但反正也習慣了，繞去西公園再回家，大概只稍微晚了十分鐘，對弟弟也不會太過意不去；而且如果能把書拿給伸，我自己也會很開心，所以這是最好的結果。從伸的角度來看，能拿到書應該是最好的結果，所以在這一格，我和他都是○。

反過來說，最糟的結果就是自己一人去了西公園，但對方卻沒過來，這樣除了無法在約定的時間回到家，還會被愈來愈大的雨勢給淋濕，所以我在兩人的這種情況旁邊打上×。

剩下的結果，就是其中有人直接回家，對回家的人自己來說就是△，這樣的結果算是不好也不壞。

我一邊思考這些情況，一邊朝著善光寺的方向前進，那裡正好是往西公園和我家的分岔路口。

如果伸去了西公園，我也去西公園的話就是○，就算我回家也只是△，所以我去西公園比較好；但是，如果狀況是伸直接回家，那麼我去了西公園，結果就是×，假如我直接回家，那就會是△，所以我還是回家比較好……

伸面臨的情況應該也跟我一樣，要是我去了西公園，而伸也去西公園就是○，就算他回家也只是△，所以他去西公園比較好；但如果我直接回家，伸卻去了西公園，結果就是×，在這種情況下他回家就是△，所以他選擇回家比較好。那麼，到底該怎麼做比較好啊。

我在豬排店「勝森」那裡轉了個彎，漸漸接近善光寺，現在必須快點下決定，雨勢愈來愈大。

就在這時，一陣強風吹拂而過。

「哇！」

筆記本被風吹得翻了幾頁，最後停在之前被我撕掉的地方，因為撕掉一頁，所以很容易就翻到那裡。

之前我在思考伸會不會承認順手牽羊時，就是在這一頁整理情況，現在回想起來，當時我好像也畫了一個表……

我試著在腦海中重新描繪那張表，當時我是依據伸選擇承認或不承認，來決定自己要不要承認。如果伸承認了，那我也承認會比較好，伸不承認的話，我也不承認會比較好……這麼說來，那個時候我畫的表和現在的一樣，都有兩道箭頭還有……

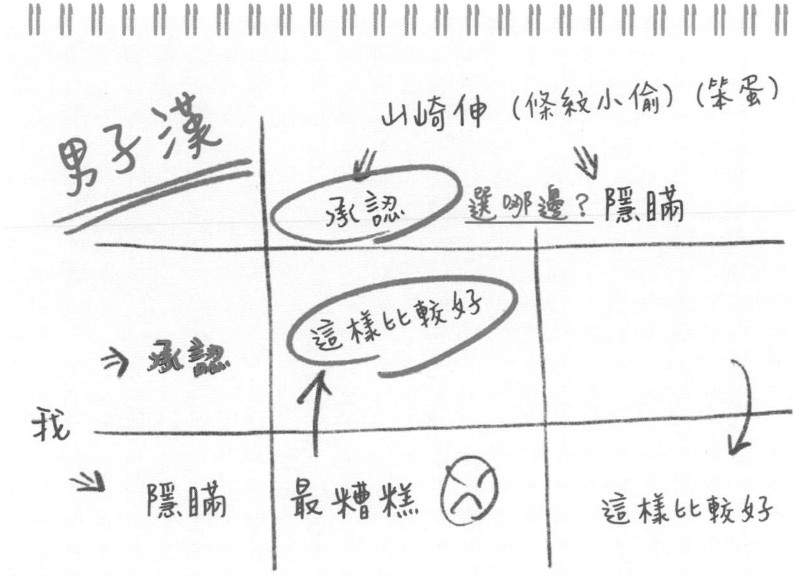
山崎伸（條紋小偷）（笨蛋）
男子漢
承認
選哪邊？
隱瞞
這樣比較好
承認
我
隱瞞
最糟糕
這樣比較好

「這樣比較好。」

我暫且把之前畫的表放到腦海中一角，再次將筆記本翻回剛才那頁，上面果然也寫著——

「這樣比較好。」

也有兩道箭頭，而且箭頭的方向也跟之前一樣。

對了。

我現在面臨的問題，跟當時「要不要承認」是相同的情況。

我和伸彼此都希望和對方做出相同選擇，那個時候如果對方承認，自己也要承認，如果對方選擇隱瞞，那自己也什麼都別說。這次也一樣，對方回家的話，自己也回家，對方去西公園的話，自己也去西公園。

然後，當時最糟的情況，就是對方承認而我隱瞞。那麼這次最糟的情況，就是他回家，而只有我自己一個人去西公園。

因此，上次的「承認」就是這次的「回家」，「隱瞞」相當於「去西公園」，兩張表有相對應的地方。

那個時候……最後我們兩個人都承認了，所以如果相信上次的結果，這次我們兩人都會回家……

看來仍然沒辦法把書交給伸了。

善光寺的路口就在眼前，我還是直接回家吧？

這時我又回想，當時為什麼我會承認呢？是因為吃了神種，看到伸打算承認的緣故吧，這次要是也有神種就好了。不巧的是，我已經把三顆神種都吃完了……

第一顆神種是用在決定該不該承認的事件，當時我還不知道只能吃三顆；第二顆是用在勇太的事，現在覺得確實是浪費了；第三顆是為了熊先生使用，我不後悔。我又想起吃第三顆時，家裡餐桌那一幕光景。

「可以讓我吃神種嗎？」

「好好，我知道。你的份已經是第三顆，也就是最後一顆神種嘍。」

……嗯？

你的份？

那個時候沒意會過來，現在再想一下，有點奇怪。有沒有可能「除了我之外，還有其他人也吃過神種，而且那個人還沒吃掉第三顆」，那時雷神說的話，聽起來像是這個意思。

不，應該是我想太多，這麼離奇的遭遇，應該只發生在我身上吧。

不過，等一下哦。

我想起昨天，心裡也曾浮現「雖然令人十分訝異，但是也說得過去」的推論。

對，要是那個「除了我之外，還有其他吃過神種的人」是伸的話呢？

要是那小子還有吃神種的機會，他會不會想借用神種的力量，來看我在做什麼呢？

說實在的，一般來說，如果有人站在我現在的立場，一定不會賭上極微小的可能性前往西公園，而是選擇回家，這一點伸應該也知道。如果要讓伸特地使用神種，前提是他必須覺得「啟一可能會去西公園」才行。

正在反覆思量的時候，我已經走到善光寺的入口處，也就是我家和西公園的分岔路口。

雨勢變得愈來愈強，我跑到寺院的屋簷下，眼見汽車從左右駛來又交錯而去。車燈的光在雨中變得迷濛，紅車、黑車、藍車、白車，白色……的汽車。

我又想起在碼頭看到的船筏。那時，伸乘坐在上面，而且我們兩人互相揮手，喊著「喂——」……

對，不是只有我認為，或許伸吃了神種，伸應該也覺得，我可能吃了神種。

聽到我提起有人向泉美姊求婚時，一股奇妙的氣氛流淌在我和伸之間，那也是支持我這個想法的根據。而且，就像我透過觀察伸至今為止各種奇妙的言行舉止，而開始相信他吃過神種一樣，或許伸也一樣從我的發言，察覺到我吃過神種……

伸應該也知道，我認為他可能也吃過神種，因為我們互相叫喊「喂——」的同時，彼此對上了眼。

照這樣推理，伸也會理解到，我知道他現在可能會吃神種這件事。

即使已經推敲到這個程度，我還是無法決定該怎麼做才好。

腦袋裡亂成一團，但還是要再繼續思考。

假設伸真的吃下神種過來看我，現在我覺得這個可能性非常高。當伸來看我的時候，如果看到我回家，他應該也會回家；如果他看見我去了西公園，應該也會去西公園……

沒錯，也就是說，如果我回家的話，結果就是兩個人各自回家。要是我去西公園的話，我們兩人就能在西公園相遇了。

想了這麼多，最後我該怎麼做呢？這問題就變得簡單起來了。既然在西公園相遇是最好的結果，那我就去西公園吧。

啊，等等，要怎麼讓伸知道，我正要去西公園呢？如果是我到了西公園之後被他看到，那就沒什麼問題，但如果他現在正在看著我的話……

如果是那樣，我現在就必須給他提示，讓他知道我要去西公園。讓他清楚明白，我並不打算回家，而且絕對會去西公園……

想到這裡，我已決定好自己下一步該怎麼做。

我朝著西公園跑去，因為這裡是二小的學區，光是看到我在跑步，伸或許不會知道我要去哪裡。因此，我扯開喉嚨大喊：

「西公園！西公園！」

就這樣一邊喊一邊跑向西公園，周遭人群對我投以奇怪的眼光，但我也顧不了那麼多，因為已經沒有退路了。

「西公園！西公園！」

雨水從傘的側面滴進來，撲打在我的臉上，夾在腋下的筆記本也已濕透。這個時候，一道閃電照亮天空，看起來好像帶點粉紅色，我心裡暗暗高興，繼續奔跑著，像唱歌一樣的呼喊。

「西公園！西公園！」

善光寺那邊傳來，

咚——

我聽到了響亮的鐘聲。

雷神的賽局理論教室

第五堂課

善用承諾！

大家好，這是最後一堂課嘍。

這次啟一面臨的賽局，和第一堂課「是否承認順手牽羊」的賽局，把兩者一起對照來看，我們會更容易理解。那個時候畫的表和這次的表，我放在下一頁（這種表就叫做「正則形式」哦！）。

當初順手牽羊事件的最終結果，是對彼此都不好的「兩人都承認」，而這次的結果是對彼此都好的「兩人都去了西公園」。

為什麼會出現這樣的差異呢？這多虧了有神種。

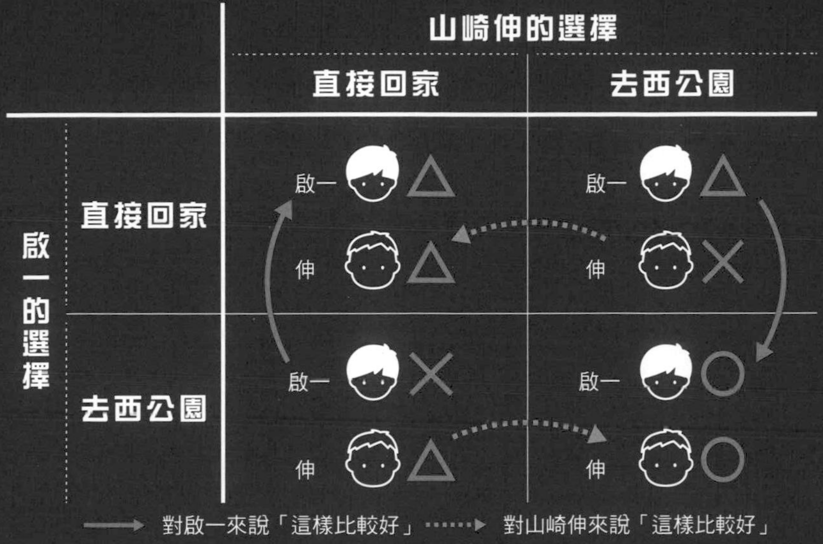
山崎伸的選擇
直接回家
去西公園
啟一的選擇
直接回家
去西公園
啟一
伸
啟一
伸
啟一
伸
啟一
伸
對啟一來說「這樣比較好」
對山崎伸來說「這樣比較好」

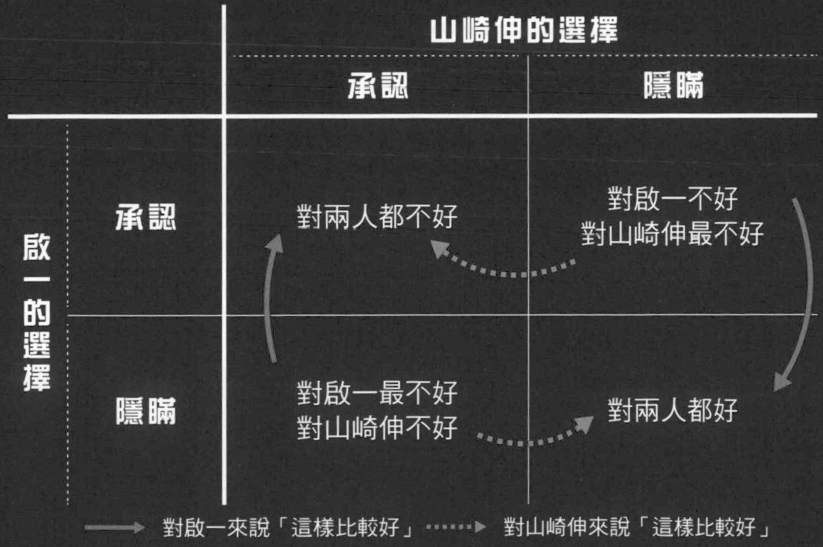
山崎伸的選擇
承認
隱瞞
啟一的選擇
承認
隱瞞
對兩人都不好
對啟一不好
對山崎伸最不好
對啟一最不好
對山崎伸不好
對兩人都好
對啟一來說「這樣比較好」
對山崎伸來說「這樣比較好」

當然，這兩次都有人使用神種，但是當初啟一去看了伸而選擇承認時，伸應該不知道啟一跑來看他。

然而，這次啟一認為伸可能正看著自己，所以採取明確的表示要「去西公園」這個行動，就能讓伸選擇了「去西公園」。像這樣事先明確的決定一項行動，就稱為「承諾」。

在此希望大家了解的重點是，為了建立承諾並進一步促成理想的結果（這次的結果是「兩人都去西公園」），那自己必須確定「對方清楚知道承諾」。也就是說，啟一必須確定伸能夠看見自己當時的行動。而且，如果伸並不認為「或許啟一知道我看得見他的行動」，那麼伸也就不會吃神種。

總之，啟一必須知道「伸吃過神種」，而伸必須了解「啟一知道我吃過神種」，這兩者是建立承諾的基礎。

漸漸變得複雜起來了耶，但是這種「知情」的鎖鏈，正是賽局理論的核心。

啟一和伸去見泉美的時候，兩個人也看見了彼此，所以啟一才會知道「伸吃過神種」，而伸也了解到「啟一知道我吃過神種」……像這種「知情的鎖鏈」可以無限延伸下去，而透過無限延伸的鎖鏈推敲出來的結果（這次的情況是「伸吃過神種」），就可以稱為「共識」。

承諾

共識

信偶爾沒有送達對方
烏萊寄來的信，姆萊連看都不看就直接吃掉。
嚼嚼
嚼嚼
這封信裡寫什麼呢？
姆萊寄來的信，烏萊連看都不看就直接吃掉。
嚼嚼
嚼嚼
這封信裡寫什麼呢？
烏萊寄來的信，姆萊連看都不看就直接吃掉。
嚼嚼
嚼嚼
這封信裡寫什麼呢？
我知道姆萊知道我知道姆萊知道「我寄出一封信」，但是姆萊還不知道最新的這一連串事情，
所以，「我寄出一封信」的這一連串事情，還沒達成共識。
塞滿嘴

另一方面，在無限的鎖鏈中，若訊息沒有互通，就不能稱為共識。舉例來說，你寄了一封信給朋友，朋友收到後卻沒有回信，在這樣的情況下，你雖然知道自己寄了一封信，但是不知道朋友有沒有收到信，因此你也不能確定，朋友知不知道你有寄信給他。也就是說，「你寫了一封信」這件事，即使你和朋友各自知道，但是這不能稱為共識。

我想大家現在腦袋裡一定一片混亂，但讓我再次強調，有一點希望各位一定要知道：

想要讓承諾能夠成立，不能只是單純決定某項行動，還必須讓對方明確了解你在做什麼，也就是說，必須站在對方的立場，讓對方了解你已經無法再改變行動。建立有效的「承諾」是一項必須「站在對方的立場」的高階技巧，這樣大家明白了嗎？

既然提到「承諾」這個專有名詞，那我就順便再教另一個專有名詞，那就是「焦點（Focal point）」。

啟一在思考要在哪裡相遇的時候，舉出學區邊界幾個有可能的地點，包括：中央公園、修車廠、佐藤運動用品店、西公園……。

在這幾個地點當中，最後他選了西公園，因為西公園是啟一和伸兩個人，最容易在腦海中產生交集的場所。這種「兩個人最容易、很自然會選擇的選項」，我們就冠上一個帥氣的專有名詞叫「焦點」。Focal 是一個形容詞，意思是「成為焦點的」，而 Point 在這裡就代表「選項」。

焦點

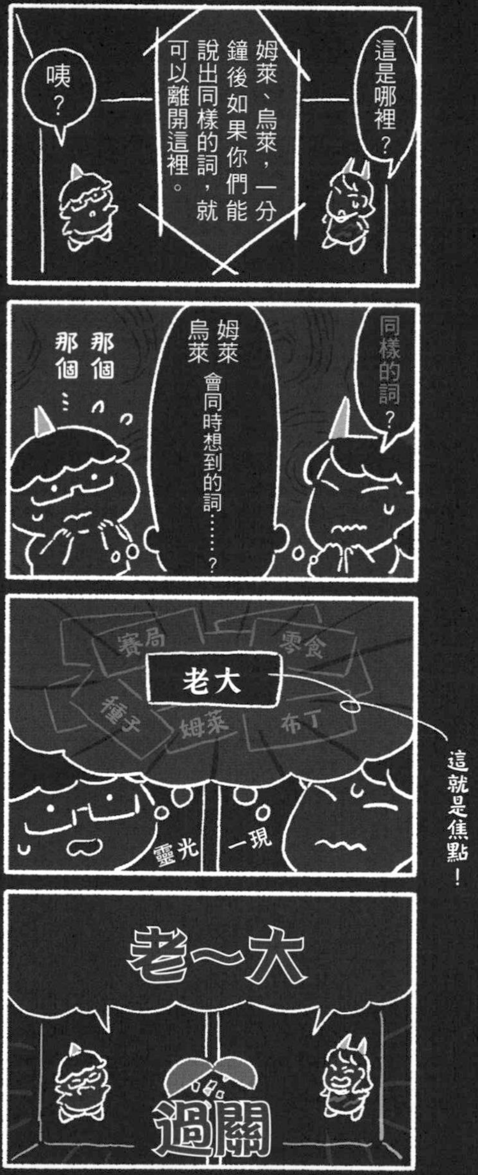
這是哪裡？
姆萊、烏萊，一分鐘後如果你們能說出同樣的詞，就可以離開這裡。
咦？
同樣的詞？
姆萊 烏萊 會同時想到的詞……？
那個 那個…
賽局
零食
老大
種子
姆萊
布丁
靈光一現
這就是焦點！
老～大
過關

在步調一致的賽局中，也就是第一堂課提到「要不要承認」時，只有兩個選項，但現實生活中，我們會遇到很多選項的情況。這些選項當中，有幾個是自然而然、很容易馬上想到的，這些選項就稱為焦點。

好了，承諾與焦點，教完這兩個帥氣的專有名詞，我的課程就結束了，下課。

那麼有機會再見啦！

尾聲　深藍色圍裙

第一學期結業典禮結束後，我和裕人一如往常，放學後沿路踢著小石子，接著我再去南書。

山田大樓的外圍，已經為了重新粉刷而搭起鷹架。

我到了南書，看到伸和杏美已經在裡面了，南書的收銀檯區域已然成為我們聚集的地方。

今天泉美姊也在店裡。

「咦？那是什麼啊？泉美姊。」

泉美姊穿著一件深藍色圍裙，就跟熊先生與南方太太，平常在店裡穿的一樣。

「因為……我開始在這裡打工，這樣我就有更多時間陪在權五郎身邊了。」

「哦，原來如此。」

熊先生的名字是權五郎，我還是覺得很不搭。

說起熊野權五郎本人，他就站在泉美姊身旁，還是一副呆樣。杏美半舉雙手聳了聳肩望向我，那是伸偶爾會擺出的姿勢，意思是「不知道～」。

我和伸從打雷那天以來，也沒有特別聊到神種。一部分原因是，自從杏美也開始跑來南書打發時間後，我們兩人單獨聊天的機會就變少了，而且總覺得這件事有些難以啟齒。算了，反正我已經吃完三顆，也沒什麼事情需要依賴神種……

但是，如果伸在碼頭和西公園這兩次吃了神種，那他應該還剩下一顆吧？還是說，他也把三顆全部吃完了呢？

一位身穿套裝的阿姨，拿著書來到收銀檯，那是一本英語會話參考書。

「好了好了，你們別在這裡礙事，其他客人都不能買書了啦。」

杏美對我們這麼說。

「什麼嘛，你又不是店員。」

我一邊抱怨，一邊走向漫畫專區，剛好伸也走過來這裡。

「一開始，我們是在這裡相遇的吧。」

伸望著書架上的漫畫，喃喃的說道。我心想，如果要問神種的事情，現在是最好的時機。

於是我開口：

「之前那時候的事，嚇了我一大跳，後來還被老師叫去談話，真是糟透了。」

說完之後，不知怎麼的，鼻子突然發癢。

「哈啾！」

我打了一個大噴嚏。

「嗯，的確是段糟糕的回憶。」

伸回應，還露出一抹奸笑。

「話說回來，你那時候被老師罵了嗎？」

我問。

「沒有，完全沒事，你呢？」

「我也沒被罵，我們班的老師，真的很帥氣。還好是男的，我們班很幸運，要是來個大嬸當班導，我可受不了。」

「是喔——我們班導就是個不折不扣的大嬸，不過她人超好。你不覺得不管是男的還女的，一點關係也沒有嗎？」

伸突然正經八百說起大道理。

「哼，什麼嘛。」

「啟一你呀，真的就是那樣耶。那時候你在筆記本上寫什麼『男子漢』，害我也只能跟老師坦白承認，你也站在我的立場想想啊。」

END

結語

各位已經成為賽局理論的專家嘍！

「站在對方的立場」這件事，透過啟一他與伸、雷神，以及身邊的人之間發生的種種事件，相信大家都學會了。

第一章，啟一的決定，會因為伸是否承認順手牽羊，而受到影響，所以他必須站在伸的立場來思考。

第二章，撕破考卷事件，必須站在勇太的立場，第三章則是站在港補和開動了的立場，第四章是泉美的立場，到了第五章，又回到伸的立場。

「站在對方的立場」這件事是決定自己行動的指標。但是有時候真的很難做到，我們經常在不自覺中，只站在自己的角度來思考事情。

但是，如果稍微發揮一點想像力，試著退一步察看自己的處境，並且以他人的角度看世界，這麼一來，就能判斷自己該怎麼做。

賽局理論能告訴我們該做什麼，以及該怎麼做。就像啟一在筆記本上畫的表或樹狀圖，其實是賽局理論的研究者經常使用的。

當然，我們不必每一次遇到人際關係的問題時，就拿出筆記本，在上面畫表或圖來分析。

但是我們要知道，自己所處的狀況，也會成為影響他人選擇行動的一場「賽局」。

- 除了自己以外，賽局中的其他人會採取什麼行動
- 賽局中的人有什麼選項
- 每一個選項，將帶來什麼樣的結果

在遇到問題時整理並思考以上的事情，相信你可以做得到。理出這些頭緒之後，就能以理性有邏輯的方式，想像出自己的處境，同時也做好「站在對方的立場」的準備。

賽局「理論」這個詞感覺上好像非常艱深，但真的有那麼難嗎？像這本書一樣畫個表或圖，再根據圖表審慎思考，不就能找出

答案了嗎？

或許有人這麼想。在此我希望各位發揮想像力，站在賽局理論研究者的立場來思考，為什麼如此費心努力的鑽研賽局理論呢？

原因在於，大家在這本書裡看到的例子，並非賽局理論的全貌。事實上，這本書裡介紹到的賽局理論，只是最入門的部分，還有更多其他有趣的賽局存在。

實際上，剛才所說「更多有趣的賽局」，都是大學生學習的課程。話雖如此，我認為大家透過這本書，已經學到了賽局理論的精髓。所以，學習賽局理論到這裡，大家已經可以算是小學生裡面的「賽局理論專家」了。

如果大家想更加深入了解賽局理論，該怎麼做才好呢？其實，我也不是很確定。到目前為止，市面上還沒有小學生的賽局理論教科書。如果這本書，在最後的最後讓大家感到失望，我致上歉意。

但是有一點，身為賽局理論學者的我可以明確的說，在小時候多看書，特別是多讀一些小說，練習培養自己的想像力，這絕對是有

END

好處的。原因在於，「站在對方的立場」這件事，其實就是「發揮想像力」。

「根據對方採取的行動，決定自己該怎麼做」，這樣的狀況就是賽局。相信大家在神種的故事與雷神的課堂當中都能了解到，「站在對方的立場思考」是一件相當重要的事情。身為一個每天研究「賽局」的賽局理論學者，我覺得對我最有用的，就是在小學時期看過很多書所培養出來的想像力。

希望大家也能像啟一和伸一樣，在自己家附近找一間書店，並且經常去光顧。但是要記得，不能順手牽羊哦！

感謝的話

上了中學之後，我就不再那麼愛看書了，而對於我的轉變最感到遺憾的人，就是我的母親。

「想像力不夠才會做出這種事，因為不愛看書，所以才會缺乏想像力。」

每當我給別人造成麻煩時，母親總是這麼說。而我總會想「到底在說什麼？這跟愛不愛看書無關吧」，但事實上會這麼想，的確代表我的想像力不足，現在我已經完全理解母親話裡的意思。

雖然我沒有一直維持看書的習慣，但後來還是成為了必須站在他人立場來思考的賽局理論研究者，甚至開始寫故事。我認為這一定是小學時愛看書，還有過了三十歲，我又重拾看書習慣所帶來的成果。我很感謝母親教會我「想像力的重要性」。

成為一名研究者後，在探究自身與社會的互動方式時，我萌生出想要向小朋友傳達一些訊息的念頭。而呼應我這個念頭，並提出「請您跟我們一起合作，做出一本讓小朋友真正覺得有趣的書吧」的人，正是河出書房新社的編輯，朝田明子女士。我和朝田女士透過電子郵件與線上會議，討論無數次之後，終於促成這本書誕生。

雷神和啟一的故事，有一部分是以我小學時期發生過的事情為藍本，謝謝はしゃ女士為這些對我而言具有特殊意義的故事，畫出溫馨又可愛的插圖。APRON 的前田步來女士和植草可純女士，則為這本書提供許多引人入勝的設計方案。博科尼大學助理教授福田彗先生，針對書中提及的賽局理論，給了我許多專業的意見。倫敦大學學院助理教授周子豪先生仔細閱讀了臺灣版稿件，並給予了諸多建議。

真的非常感謝以上每一位夥伴。

● ● ●

從我不再愛看書到重拾書籍的這段期間，小時候背著書包、踢著石頭經過的那個停車場，已改建成一家豬排店。當時就讀其他小學，有點不可思議的朋友，現在不知道在做什麼呢？很受學生喜愛的那位班導，後來當上校長。而書店和晴朗的天空，至今應該一如往昔，沒有改變。

二〇二四年三月　鎌田雄一郎

煩惱的那一天，遇見了能看穿人心的神明
第一本給中小學生的賽局理論

作者：鎌田雄一郎／譯者：李建銓
責任編輯：許雅筑／封面與版型：黃淑雅／內文排版：立全電腦印前排版有限公司

字畝文化
社長兼總編輯：馮季眉
主編：許雅筑、鄭倖伃／編輯：戴鈺娟、李培如

出版：字畝文化/遠足文化事業股份有限公司
發行：遠足文化事業股份有限公司（讀書共和國出版集團）
地址：231新北市新店區民權路108-2號9樓／電話：(02)2218-1417
客服信箱：service@bookrep.com.tw／客服專線：0800-221-029
網址：www.bookrep.com.tw／郵撥帳號：19504465
法律顧問：華洋法律事務所蘇文生律師

印刷：中原造像股份有限公司
初版一刷：西元2024年4月
定價：420元／ISBN：978-626-7365-74-8 (平裝)

國家圖書館出版品預行編目（CIP）資料

煩惱的那一天,遇見了能看穿人心的神明：第一本給中小學生的賽局理論/鎌田雄一郎作；李建銓譯. -- 初版. -- 新北市：字畝文化創意有限公司出版：遠足文化事業股份有限公司發行，2024.04
面；　公分
ISBN 978-626-7365-74-8(平裝)
1.CST: 思考 2.CST: 讀心術 3.CST: 博奕論 4.CST: 通俗作品
176.8　　113002813